Regula Tanner

111 Orte im Berner Oberland, die man gesehen haben muss

111

emons:

Bibliografische Information der Deutschen Nationalbibliothek
Die Deutsche Nationalbibliothek verzeichnet diese Publikation in der Deutschen Nationalbibliografie; detaillierte bibliografische Daten sind im Internet über http://dnb.d-nb.de abrufbar.

MIX
Papier | Fördert gute Waldnutzung
FSC® C083411
FSC www.fsc.org

Layout: Eva Kraskes, nach einem Konzept
von Lübbeke | Naumann | Thoben
Kartografie: altancicek.design, www.altancicek.de
Kartenbasisinformationen aus Openstreetmap,
© OpenStreetMap-Mitwirkende, ODbL
Druck und Bindung: CPI – Clausen & Bosse, Leck
Printed in Germany 2024
Erstausgabe 2017
ISBN 978-3-7408-2199-9
Aktualisierte Neuauflage Februar 2024

Vorwort

Da wohnt man doch seit fast 30 Jahren im Berner Oberland und meint, die Region gut zu kennen. Doch weit gefehlt! Ich musste – zuerst etwas beschämt, dann zunehmend neugierig und schliesslich hocherfreut – feststellen, wie viel Unbekanntes es hier noch zu entdecken gibt. Täler, die ich bisher nie betreten habe (das Gasterntal), Orte, deren Lage ich kaum kannte (Abländschen), und Dialekte, denen meine Stadtberner Ohren nicht gewachsen waren. So erfuhr ich etwa, dass in Meiringen ein Schaf «Bänz» heisst, in Gadmen eine Lawine «Louwi» und in Kandersteg ein Heubehälter «Höwchrume».

Doch nicht nur die Dialekt-, sondern vor allem die Landschaftsvielfalt ist im Berner Oberland gewaltig: Berge wechseln sich mit Tälern, Gletschern, Schluchten, Seen und Wasserfällen ab. Kein Wunder, dass die Region seit langer Zeit Maler und Dichter inspiriert und jedes Jahr unzählige Menschen aus der ganzen Welt anlockt. Letzteres verursacht mancherorts ziemlichen Andrang. Deshalb ist es ein Glück, dass es auch Überraschendes jenseits der Massen zu entdecken gibt. Einen Kiosk, der auf einem Berggrat steht etwa, eine Quelle, die rot sprudelt, oder einen Automaten, der Alpenkräuter ausspuckt.

Ich lernte während meiner Arbeit viele wunderbare Orte und Menschen kennen. Es war gar nicht so einfach, aus all diesen Entdeckungen und Geschichten auszuwählen. So habe ich mich für 111 davon entschieden, im Wissen, dass es noch viele gäbe, die es wert wären, erzählt zu werden. Ich wünsche Ihnen viel Vergnügen, mit diesem Buch erstaunliche Plätze, kuriose Geschichten und altbekannte Perlen im Berner Oberland (wieder) zu entdecken.

Regula Tanner

111 Orte

1 Das Kirchlein

Ein Kleinod zu Füssen der Gastlosen

Wenn am nächsten Tag Predigt ist, ergreift der Sigrist abends im Kirchlein die beiden Seile und zieht daran. Links, rechts, links, rechts. Dann erfüllt der Klang der Glocken das kleine Dorf zu Füssen der Gastlosen-Bergkette. An Feiertagen wird das Kirchlein zum Bersten voll sein – 50 Personen haben Platz darin –, denn auch Leute aus der Umgebung reisen an. Die winzige Kirche nahe der Freiburger Grenze wurde 1612 erbaut und war bis zur Reformation katholisch. Doch der Umbruch verzögerte sich: Es war Frühling, als die Reformierten von Saanen her kamen, und der Mittelberg, der das Saanenland mit Abländschen verbindet, noch schneebedeckt. So blieb das Dorf etwas länger katholisch.

Heute ist es reformiert, und Gottesdienste gibt es sieben im Jahr, dazu kommen Hochzeiten und Beerdigungen. Simon Dänzer, der junge Sigrist, läutet die Glocken von Hand, schmückt die Kirche und führt Reparaturen aus. Der gelernte Koch und Zimmermann ist einer von 38 Dorfbewohnern. Er und seine Familie machen einen guten Teil der Bevölkerung aus. Viele Leute zogen weg, die Post, der Dorfladen, der Skilift und die Schule gingen ein. Aber das schmucke Kirchlein bleibt. Und die atemberaubende Lage vor den Gastlosen auch.

Diese Bergkette, die man wandernd umrunden oder gar erklettern kann, hat noch eine Besonderheit: eine Art Martinsloch. Hier heisst es Grossmutterloch, und die Geschichte dazu geht so: Als der Teufel mit der Grossmutter jasste, merkte er, dass sie flunkerte. Wütend warf er sie über die Gastlosen. Doch er bereute die Tat, denn jetzt konnte er nicht mehr jassen. Also griff er mitten durch die Bergkette und holte die Grossmutter zurück. Seither klafft eine schmale Spalte im Fels, durch die an einigen Tagen winters kurz die Sonne scheint. Das Spektakel sieht man von der Freiburger Seite her, und wo sich das Loch genau befindet, wissen die Einheimischen.

Adresse 1657 Abländschen, www.ablaendschen.ch, Infos zum Kirchlein bei der Reformierten Kirchgemeinde Saanen-Gsteig, Tel. 033/7448848 | **ÖV** mit dem Zug von Thun über Spiez nach Boltigen im Simmental, mit dem Postauto nach Jaun (FR) | **Anfahrt** von Thun Autobahn A 6, Verzweigung Lattigen Richtung Zweisimmen bis Reidenbach bei Boltigen, rechts abbiegen, über den Jaunpass, beim Kreisel eingangs Jaun links Richtung Abländschen | **Öffnungszeiten** Ganzjährig. Das Kirchlein ist tagsüber immer offen. | **Tipp** Auf dem Strässchen von Jaun nach Abländschen kann man im kleinen Restaurant Zitbödeli einkehren. www.restaurant-zitboedeli.ch

2 Die Cholerenschlucht

Schwindeltest zwischen Felswänden

Schluchten gibt es einige im Berner Oberland, und imposant sind sie alle. Eine der unbekannteren ist wohl die Cholerenschlucht bei Adelboden, nicht zu verwechseln mit ihrer Namensschwester in Hünibach am Thunersee. Diese versteckte Perle ist nur von unten nach oben begehbar, und wie sinnvoll das ist, merkt man erst, wenn man die schmalen Stege, Brücken und Wendeltreppen beschreitet. Rechts ragt die Felswand empor, links unten gurgelt, zischt und tost der Tschentbach, der sich seit Jahrtausenden seinen Weg durch die Felsen bahnt. Wer in der engen, 100 Meter langen Schlucht das Bedürfnis hat, zum Himmel emporzuschauen, entdeckt einen zwischen den Felswänden eingeklemmten grossen Findling. Man kann nur hoffen, dass er so nett ist und da oben bleibt.

Der Felsbrocken hat sich tatsächlich einmal verschoben, nach einem Unwetter im Herbst 2011. Daraufhin stürzten weitere Felsen samt Stegen und Treppen in die Schlucht. Die riesigen Felsbrocken mussten gesprengt und neue Stege und Treppen mit dem Helikopter eingeflogen werden. Bereits im Frühjahr 2011 hatten die Wassermassen den Eingangsbereich weggespült, der später durch eine kleine Hängebrücke ersetzt wurde. Ja, in dieser Schlucht sind die Naturgewalten spürbar.

Es gibt den kleinen Cholerenschlucht-Rundgang oder den grossen Pochtenchessel-Rundgang. Reist man mit dem Auto an, macht man automatisch die zweite Variante. Bereits nach zwei Minuten steht man auf einer beidseitig mit hohen Gitterzäunen gesicherten Brücke und blickt auf das brodelnde Wasser in einem tiefen Felstrichter. Das ist der Pochtenchessel, wo die Engstlige und der Otterebach zusammenfliessen. Vor dem Eingang in die Cholerenschlucht kommt man am Jungbrunnen vorbei, einem lauschigen Plätzchen, das an warmen Sommertagen zum Bade lädt. Wer nicht schwindelfrei ist, kleine Kinder oder Hunde dabeihat, tut gut daran, es beim Jungbrunnen zu belassen.

Adresse zwischen Achseten und Adelboden, auf der rechten Seite der Hauptstrasse, www.adelboden.ch/cholerenschlucht | **ÖV** mit dem Zug von Thun nach Frutigen, mit dem Bus Richtung Adelboden bis Haltestelle Achseten, Tregel, rechts abbiegen, circa 15 Minuten bis zur Schlucht, oben an der Schlucht eine Stunde Fussmarsch nach Adelboden oder 15 Minuten bis zur Bushaltestelle Neuweg | **Anfahrt** von Thun über Frutigen Richtung Adelboden, kurz nach Achseten ist rechts der Parkplatz Cholerenschlucht, wenige Meter danach rechts circa 30 Minuten auf Wanderweg bis zur Schlucht, ganzer Rundweg 1,5 Stunden | **Öffnungszeiten** während der Sommersaison, nicht bei Gewittern! | **Tipp** Oben an der Schlucht kann man auf dem Pochtenchessel-Rundweg zur Trummer Holzschnitzerei wandern. www.trummerwoodcarving.com

3 Der Kuhmaler

Ein Stall voller Bilder

Die eine Kuh schaut ihren Betrachter direkt an, eine andere blickt stoisch ins Tal, eine dritte ist am Grasen. Der Künstler Björn Zryd malt Kühe. Doch er tut dies nicht auf traditionelle Weise, seine Bilder verbinden das Herkömmliche mit der Moderne. «Nie ist alles nur idyllisch und schön», sagt er, «und nie ist alles nur hässlich.» Deshalb haben die Kühe auf seinen Bildern überraschende Farben, prangt neben dem Geranium ein Graffito an der Wand oder haftet auf der Milchkanne ein Hard-Rock-Cafe-Kleber. Björn Zryd liebt es, mit Kontrasten zu spielen und mit seinen Bildern Geschichten zu erzählen.

Die Kühe erinnern ihn an die Einfachheit. Wenn sie neben seinem alten Haus grasen, hat er Zeit, sie zu beobachten. «Sie sind mit dem zufrieden, was sie haben.» Er begann die Tiere zu malen und stellte sein erstes grosses Kuhbild bei seinem Freund aus, der auf der anderen Talseite von Adelboden das Restaurant Hohliebe-Stübli betreibt. Die bunte Kuh fand auf Anhieb Anklang, und alsbald standen die Leute Schlange, um ein solches Bild zu erstehen. Später kamen auch Bilder von Ziegen dazu, von «diesen grundehrlichen, ein bisschen frechen Tieren».

Doch zuerst war das Holz. Als Bub schnitzte Björn Zryd gemeinsam mit seinem Grossvater Tiere und Figuren. In den Schulferien stellte er einen Tisch ans Strässchen, präsentierte seine Werke und verkaufte sie an die Wanderer. Zum Jüngling geworden, entschied er sich, die Holzbildhauerschule in Brienz zu absolvieren, später kamen das Malen und die Arbeit mit Stein hinzu. Heute vereint er all dies im Haus seiner Grosseltern, in dem er arbeitet und mit seiner Familie lebt. Wenn er Zeit hat, führt er auf Anfrage gern durch sein Atelier. Den Stall hat er zum «Stall Depot 40» umfunktioniert und zeigt dort seine Skulpturen. Und im Dorfzentrum von Adelboden führt er eine kleine Kunstgalerie, wo seine Bilder zu bewundern sind.

Adresse Björn Zryd, Hahnenmoosstrasse 40, 3715 Adelboden (KunstRaum am Dorfplatz 24), Tel. 033/6732475, www.bjoernzryd.ch | ÖV mit dem Zug von Thun nach Frutigen, mit dem Autobus nach Adelboden, mit dem Ortsbus Richtung Gilbach-Geils bis vors Atelier (dem Fahrer sagen, man wolle bei den Zryds aussteigen!) | Anfahrt von Thun über Frutigen nach Adelboden, durch das Dorfzentrum hindurch Richtung Gilbach-Geils, nach dem Restaurant Des Alpes das dritte Haus rechts (es muss keine Gebühr bezahlt werden!) | Öffnungszeiten ganzjährig, Besuche nur auf Voranmeldung | Tipp Kehren Sie zu einem Zvieri im Restaurant Des Alpes unweit des Ateliers ein. www.desalpes-adelboden.ch

4 Das Fondue-Iglu

In eisigen Höhlen

Anfang Dezember geht es wieder los. Dann füllen 15 Mitarbeiter auf der Engstligenalp, hoch über Adelboden, überdimensionale Ballons mit Luft und schütten sie mit 1500 Kubikmetern Schnee zu. Ist der Schnee fest genug, entfernen sie die Ballons. Was bleibt, ist eine mehrräumige Iglu-Anlage von 20 auf 40 Metern.

500 Stunden Arbeit mit Maschinen stecken in diesem Werk, gar 800 von Hand. Letztere werden vor allem für den liebevollen Innenausbau eingesetzt, der jedes Jahr neu gestaltet wird, für die kunstvollen Schnitzereien an den Wänden und für in Eisblöcken festgehaltene Überraschungen.

Wer beim ersten Anblick des Iglus – von aussen erinnert es eher an einen riesigen Schneehaufen – etwas skeptisch ist, wird beim Eintreten begeistert sein. Es ist eine zaubervolle Landschaft, die einen hier empfängt, eine Art Labyrinth aus Eis. Die Gänge führen zu Räumen mit individuellen Themen, und so prangen im Herz-Iglu geschnitzte Herzen an der Wand, und im Rosen-Iglu gibt es die entsprechende Blume in einem langen Eiswürfel zu bewundern. Einfache Holztische und mit Rentierfellen belegte Hocker laden zum Platznehmen. Und dann heisst es Fondue essen. Ob man die Schweizer Nationalspeise mag oder nicht – in diesen kalten Höhlen ist sie genau das Richtige. Zum Glück liegen auch Decken bereit, denn trotz des warmen Fondues kriecht die Kälte im Verlaufe des Abends langsam von unten herauf. Und doch ist es einfach urgemütlich, wenn man bei Kerzenschein zusammensitzt, einen Brotwürfel nach dem andern in den geschmolzenen Käse tunkt, ein Glas Schweizer Wein dazu trinkt und bei jedem Atemzug ein Wölkchen ausstösst.

Bucht man spät und ist es sternenklar, sollte man nach dem üppigen Mahl noch ein paar Schritte durch die Nacht gehen. Das Himmelszelt wölbt sich über dem Hochplateau, und man hat das Gefühl, die Sterne seien hier zum Greifen nah.

Adresse Engstligenalp, 3715 Adelboden, Tel. 033/6730306, www.fondue-iglu.ch | **ÖV** mit dem Zug von Thun über Spiez nach Frutigen, mit dem Bus nach Adelboden bis Haltestelle Unter dem Birg, Luftseilbahn auf die Engstligenalp, 5 Minuten zu Fuss | **Anfahrt** von Thun über Spiez, Frutigen nach Adelboden, eingangs Dorf beim Kreisel Richtung Engstligenalp, Parkplatz Unter dem Birg, dann wie bei ÖV beschrieben | **Öffnungszeiten** Circa Mitte Dez. – Anfang April, Anmeldung erforderlich! | **Tipp** Sich etwas Spezielles gönnen und nach dem Fondue im Schlaf-Iglu übernachten. www.engstligenalp.ch/schlaf-iglu

5 Der Wurmstall

Kompostwürmer erarbeiten hochwertigen Biodünger

Auf dem Biohof von Hans und Esther Fuhrer gibt es Millionen von Mitarbeitern: Kompostwürmer, die den Mist der 30 Kühe des Betriebs in hochwertigen Biodünger umwandeln. Die Fuhrers lassen den Mist zuerst während gut zehn Wochen verrotten, dann mischen sie ihn mit Steinmehl und verabreichen ihn den Würmern. Diese fressen den Mist und scheiden ihn als Wurmhumus wieder aus. Das Ergebnis ist kostbare Erde, die aktive Mikroorganismen wie Bakterien und Pilze enthält und Wasser speichert – ein organisch-mineralischer Biodünger. «Es braucht nur wenig davon, und schon wachsen die Geranien kräftiger», sagt Hans Fuhrer.

Die Anregung kam vom Tropenhaus Frutigen. Dort suchte man nach Würmern als Futter für die Störfische, und so begann Hans Fuhrer über deren Zucht nachzuforschen. Dabei entdeckte er, dass man Kompostwürmer auch für die Herstellung von Biodünger einsetzen kann. Das gefiel ihm besser. Er baute eine Holzkiste, befestigte ein Sieb darunter und füllte Mist und Würmer vom eigenen Miststock ein. Die Tierchen frassen schnell, er hörte sogar ihr Schmatzen, und nach drei Monaten fiel die erste Erde durchs Sieb. Ein Erfolg! So kam es, dass er 2010 einen 30 Meter langen Folientunnel baute und Holzkisten hineinstellte. Dort verrichten die Würmer nun ihre wertvolle Arbeit. Damit die Tierchen auch bei Minustemperaturen überleben, können die Kisten mit Hilfe von Wärmestäben beheizt werden.

Auf Anmeldung führt Hans Fuhrer Besucher gern durch den Wurmstall. Es ist ihm ein Anliegen, mit seiner Tätigkeit einen Beitrag zum Naturschutz zu leisten. Er behandelt die Würmer mit grossem Respekt: «Sie sind seit Jahrtausenden am Werk, ohne ihre Arbeit wäre der Kreislauf unserer Erde gar nicht möglich.» Wer es dennoch nicht so mit den Würmern hat, kann beruhigt sein: Der Biodünger enthält keinen einzigen Wurm. Er ist so fein wie gemahlener Kaffee.

Adresse Biohof Spittel, Zwygartenstrasse 57, 3703 Aeschi bei Spiez, Tel. 079/2960435, www.wurmstall.ch | ÖV mit dem Bus ab Spiez bis Haltestelle Aeschi, Zwygart | Anfahrt von Spiez nach Aeschi, im Dorf dem Wurmstall-Wegweiser folgen | Öffnungszeiten Wurmärde-Lädeli täglich rund um die Uhr (Selbstbedienung), Wurmstall auf telefonische Anfrage | Tipp Von Aeschiried aus, dem Nachbardorf von Aeschi bei Spiez, gelangt man in das schöne Suldtal mit dem Pochtenfall. Infos unter www.aeschi-tourismus.ch.

6 Der Taufstein

Die geheimnisvollen Tiermedaillons

Er fällt einem sofort auf. Der achteckige Taufstein aus Sandstein, der an der Stelle des ehemaligen Altars in der Apsis der Kirche steht. Betrachtet man das gotische Werk genauer, entdeckt man acht Tiermedaillons: Lamm, Hase, Hund, Einhorn, Hirsch, Bär, Löwe und Adler. Vermutlich stehen sie als Symbole für gute und böse Mächte sowie für die reinigende Wirkung des geweihten Wassers. Das Medaillon des Bären wurde einst zerstört. Vielleicht taten es die Amsoldinger aus Protest, weil ihr Chorherrenstift im Jahre 1484 von den Bernern aufgehoben wurde. Vielleicht waren es aber auch die Franzosen, die bei ihrem Einmarsch 1798 den Auftrag hatten, das Wappentier der Berner zu zerstören. Wie auch immer – die Tiermedaillons werden von filigranen Blumen- und Blättermustern begleitet. Die aufwendige Gestaltung des um etwa 1330 entstandenen Taufsteins hat damit zu tun, dass Amsoldingen ein Stift war. Es wurde von Adeligen geführt, die wie Mönche lebten, aber ihren weltlichen Besitz behalten durften. Somit war genügend Geld vorhanden.

Die Kirche Amsoldingen, die ums Jahr 1000 entstand, ist eines der ältesten Bauwerke des Kantons Bern. Sie gehört zu den zwölf Thunerseekirchen, die Mitte des 15. Jahrhunderts in der umstrittenen «Strättliger Chronik» von Elogius Kiburger vorkommen. Darin besagt eine Legende, König Rudolf II. von Hochburgund und Lombardei habe aufgrund eines Traums begonnen, zwölf Kirchen zu bauen in einem Kreis um die Mutterkirche: Aeschi, Amsoldingen, Einigen (Mutterkirche), Frutigen, Hilterfingen, Leissigen, Scherzligen, Sigriswil, Spiez, Thierachern, Thun und Wimmis.

Es gäbe noch vieles zu erzählen von der Kirche Amsoldingen: dass sich unter der Apsis eine Krypta mit römischen Säulen befindet. Oder dass ihre Orgel 1812 gebaut wurde und weitgehend im Originalzustand ist. Am besten besucht man diesen schönen Ort und lässt alles in Ruhe auf sich wirken.

Adresse Kirche Amsoldingen, Chorherrengasse 2, 3633 Amsoldingen, www.kirche-amsoldingen.ch | **ÖV** mit dem Bus 3 von Thun bis Haltestelle Amsoldingen, Kirche | **Anfahrt** von Thun über Allmendingen nach Amsoldingen, Parkplatz bei der Kirche | **Öffnungszeiten** Die Kirche ist Tag und Nacht immer offen (ausser bei Anlässen). | **Tipp** Der Ausgang auf der Nordseite der Kirche führt in den «Garten der Besinnung», der mit überwachsenen Grabsteinen verwunschen wie ein irischer Friedhof anmutet.

7 Die Festung Waldbrand

Ein einst streng geheimer Ort

Jetzt hat einen der Berg verschluckt. Das eiserne Tor fällt dumpf ins Schloss, man betritt einen langen Tunnel, die Schritte hallen gespenstisch, oben sind 150 Meter Fels.

Die Festung Waldbrand wurde 1941/42 unter grösster Geheimhaltung erbaut und bot 650 Wehrmännern Unterkunft. «Sie hatte dieselbe Funktion wie die Burgen im Mittelalter, nämlich Schutz von Land und Leuten», sagt Philipp Studer, Berner Fürsprecher und seit 2005 Besitzer des «Waldbrands». Studer hat die stillgelegte Festung in ihren ursprünglichen Zustand versetzt und betrachtet sie als erhaltenswertes Kulturgut. Deshalb leitet er die Führungen zum Teil persönlich und mit grosser Leidenschaft. Er holt aus, erklärt, vergleicht, öffnet die Garagentore, wo er mit Stolz Jeeps, Panzer und Geschütze vorführt. Dann zeigt er einen Geschützraum und lässt einen durch die Schiessscharte auf den Thunersee spähen. Fast meint man, das Donnern der Geschosse zu hören, die in den See einschlugen, als 1979 das letzte Mal mit blinder Munition geschossen wurde.

Weiter geht's in den Festungsteil «Unterkunft». Der Gang wird schmaler, das Licht freundlicher, und nach dem Marsch durch den kalten Tunnel kommt fast ein wohnliches Gefühl auf, wenn man den Speisesaal mit den roten Tischen durchquert, die Küche betritt und vor den riesigen Kochtöpfen steht. Schliesslich ist die Festung Waldbrand so eingerichtet, dass die Wehrmänner während 90 Tagen darin überleben könnten. Es gibt riesige Schlafsäle, Einzelzimmer für Offiziere, eine Poststelle, mehrere Funkräume, eine Telefonzentrale und sogar ein kleines Spital mitsamt Operationssaal. In diesem Raum mit den grün gekachelten Wänden und der schmalen Liege wurde schon manch einer wieder «zusammengeflickt». Ja, diese Festung ist eine Welt für sich. Und verlässt man sie nach drei Stunden, braucht man einen Moment, um wieder in der normalen Welt anzukommen.

Adresse Festung Waldbrand, 3803 Beatenberg; Beatenberg Tourismus: Tel. 033/8411818, www.festung-waldbrand.ch | **ÖV** Bus ab Interlaken bis Haltestelle Beatenberg Station, 15 Minuten zu Fuss | **Anfahrt** Interlaken – Beatenberg, weiter Richtung Grön, Parkplatz, 5 Minuten zu Fuss | **Öffnungszeiten** Öffentliche Führungen (auf Anmeldung!) im Mai, Juni, Sept. und Okt. jeweils am 1. und 3. Freitag, im Juli und Aug. jeden Freitag. Ausserhalb dieser Zeiten sind auch Führungen auf Voranmeldung möglich. | **Tipp** Fahren oder spazieren Sie durch Beatenberg, das mit sieben Kilometern Strasse das längste Dorf Europas ist.

8 Der Alpen-OL

Auf Postensuche am Berg

Orientierungsläufer sind in der Regel schnell unterwegs. Zielstrebig rennen sie mit der Karte in der Hand durchs Gelände, suchen die abgesteckten Posten und stempeln sie – all dies in möglichst kurzer Zeit. Das ist gut und recht, aber hier am Niederhorn sollte man es ihnen nicht gleichtun. Denn erstens zählt die Zeit beim Alpen-OL nicht, und zweitens wäre es schade, wenn man vor lauter Eile kein Auge für die Landschaft mehr hätte. Und diese ist einmalig. Das Niederhorn, 1.950 Meter über Meer, bietet einen prächtigen Blick auf den Thunersee und die Berner Alpen. Der Wanderweg, in dessen Umgebung sich der Alpen-OL befindet, führt vom Gipfel oberhalb der Baumgrenze entlang, durch einen lichten Wald bis zur Mittelstation Vorsass.

Der OL bietet Familien eine wunderbare Möglichkeit, den Kindern das Wandern schmackhaft zu machen. Begrüsst werden sie von Steinbock Rocky. Am Start bei der Bergstation decken sie sich mit OL-Karten ein und wählen zwischen dem Warm-Up-Pfad von Rocky, dem einfachen Pfad von Happy, dem anspruchsvolleren von Yummy und dem schwierigen von Lenny. Der Rocky Pfad führt den Niederhorn Gratweg entlang, die anderen drei zur Mittelstation Vorsass. Und dann geht die Suche nach diesen wetterfesten Versionen herkömmlicher OL-Posten los: einer steht am Waldrand, ein anderer bei einem Wurzelstock, ein dritter bei einer Bachgabelung. Hat man einen dieser orange-weissen Posten gefunden, gilt es, die blaue Zange, die daran baumelt, zu ergreifen und die OL-Karte im vorgesehenen Feld zu lochen. Wer alle Posten gefunden und die Karte vollgestempelt hat, kann die Kontrollkarte beim «Bärgrestaurant Vorsass» in einen Briefkasten werfen. Am Ende jeder Sommersaison wird unter allen Alpen-Orientierungsläufern ein Preis verlost.

Bei der Mittelstation Vorsass, wo sich ein hübsches Bergbeizli befindet, kann der Familienrat entscheiden: die Gondel besteigen, eine Stunde bis nach Beatenberg weiterwandern oder ein Trotti-Bike mieten und zu Tale brausen.

Adresse Niederhorn, Tel. 033/8410841, www.niederhorn.ch | **ÖV** mit dem Bus 21 ab Thun bis Haltestelle Beatenbucht, mit der Standseilbahn auf den Beatenberg, mit der Gondelbahn aufs Niederhorn | **Anfahrt** von Thun Richtung Gunten – Interlaken bis zur Beatenbucht, dann wie bei ÖV, oder über Interlaken nach Beatenberg und direkt zur Gondelbahn | **Öffnungszeiten** OL in der Wandersaison, die Niederhornbahn ist aber auch winters in Betrieb (Skipisten, Schlittel- und Winterwanderwege) | **Tipp** Wer Steinböcke sehen möchte, kann eine der geführten Wildbeobachtungen buchen, die während der Sommerzeit jeden Donnerstag in der Früh stattfinden.

9 Das Scherenschnitt-Museum

Alpines Leben ins Papier geschnitten

1990 fertigte der junge Küchenchef Hans-Jürgen Glatz mit einer Nagelschere seinen ersten Scherenschnitt an. Das Werk gelang ihm gut, er schnipselte weiter und verschenkte die Scherenschnitte an Nachbarn und Freunde. Das war der Anfang von Glatz' Leidenschaft. Er begann, historische Scherenschnitte, Schattenbilder und Werke von zeitgenössischen Künstlern zu sammeln. 1997 übernahm er mit seiner Frau Marianne Ueltschi das Restaurant und Gasthaus Hüsy in Blankenburg. Bald darauf eröffnete er im selben Haus eine Galerie mit Scherenschnitten. Von 2007 bis 2022 beherbergte er dort auch das Archiv des Vereins Scherenschnitt Schweiz. Danach übergab er es dem Musée du Pays-D'Enhaut nach Château-d'Œx. Weiterhin sind aber über 600 Exponate im Hüsy zu betrachten.

Die Galerie integriert sich wunderbar in das verwinkelte 300-jährige Simmentaler Haus, führt über knarrige Holztreppen in winzige Zimmer und durch Korridore, wo man den Kopf einziehen muss. Wohin man auch blickt, überall sind Scherenschnitte. Das Simmental gilt gemeinsam mit dem Saanenland und dem Westschweizer Pays-d'Enhaut als Wiege des traditionellen Schweizer Scherenschnitts. Seit 200 Jahren schneiden hier Künstler das alpine Leben in Papier. Doch bereits vorher wurde die Schnittkunst entdeckt: Klosterfrauen fertigten filigrane Heiligenbilder an, auf dem Land entstanden Grusskarten mit der Schere, und viele Menschen liessen sich in Form von geschnittenen Silhouetten porträtieren.

Die Kunst entwickelte sich immer weiter, und wenn man die Werke betrachtet, kann man manchmal kaum glauben, dass sie von Menschenhand geschaffen sind. Ganze Lebenskreisläufe sind hier dargestellt: von der Geburt über die Kindheit, die Jugend, Lehr- und Wanderjahre, die Familiengründung und Erwerbstätigkeit bis hin zum Älterwerden und zum Tod. Man staunt ob dieser Kunst und verlässt das Museum tief beeindruckt.

Adresse Restaurant Hüsy Galerie, 3771 Blankenburg, Tel. 033/7221056, www.huesy.ch | ÖV mit dem Zug ab Spiez über Zweisimmen bis Station Blankenburg (Halt auf Verlangen) | Anfahrt durchs Simmental über Zweisimmen, das Hüsy befindet sich auf der linken Strassenseite | Öffnungszeiten Mi–So 9–18 Uhr | Tipp Nach dem Rundgang durch die Galerie kann man im gemütlichen Restaurant Hüsy einkehren. www.huesy.ch

10 Der Blausee

Ein See voller Tränen

Das letzte Wegstück führt durch einen dichten Wald. Auf dem Strässchen oder auf einem schmaleren Pfad, wo man sich hin und wieder ducken muss, um nicht an einen der mächtigen, bemoosten Felsbrocken zu stossen. Seit 15.000 Jahren liegen diese hier, seit sich ein gewaltiger Felssturz ins Tal ergoss und die urige Landschaft entstehen liess.

Und dann erblickt man ihn plötzlich, den kleinen blauen See. Leider ist er kein Unbekannter mehr, doch die wenigsten Menschen, die hierherströmen, wissen vermutlich, warum er so tiefblau ist.

Das Geheimnis ist folgendes: Weil das Wasser ausgesprochen klar ist, reflektiert es die Farbe der Tannen am steilen Ufer und jene des Himmels so stark, dass der See in einem intensiven Blau erscheint. Oder ist es vielleicht doch so, wie die Legende erzählt? Vor langer Zeit hatte ein Mägdlein sein Herz einem jungen Hirten geschenkt. Die beiden wanderten abends zum Seelein, bestiegen einen Kahn und verträumten dort manch schöne Stunde. Doch eines Tages fiel der Hirt über eine Felswand zu Tode. Das Mägdlein war untröstlich und ruderte nachts allein hinaus. Eines Morgens fand man es auf dem Grunde des Sees. Das Wasser aber war von den Tränen aus den blauen Augen des Mägdleins tiefblau geworden.

Auch heute kann man noch mit einem Kahn hinausfahren, genau gesagt mit einem Glasbodenboot, das den Blick auf die vielen Forellen freigibt. Der Blausee ist in den Grundwasserstrom des Kandertals eingesenkt, was ihm zu einer konstanten Temperatur von acht Grad verhilft und ihn auch im kältesten Winter nicht zufrieren lässt. Der Park, der ihn umgibt, birgt Spazierwege, einen Spielplatz, Grillstellen, eine Bio-Forellenzucht, ein Café, ein Restaurant und ein kleines Hotel mit 21 Zimmern und einer Wellnessanlage. Um den Zauber des Ortes zu spüren, empfiehlt es sich, ihn am früheren Morgen und nicht unbedingt am Wochenende zu besuchen.

Adresse Hotel und Naturpark Blausee, 3717 Blausee, Tel. 033/6723333, www.blausee.ch | **ÖV** mit dem Zug von Thun nach Frutigen, umsteigen auf Bus 230 Richtung Kandersteg, bis Haltestelle Blausee BE, dann 5 Minuten zu Fuss | **Anfahrt** von Thun über Spiez–Frutigen nach Blausee, grosser Parkplatz, 5 Minuten zu Fuss | **Öffnungszeiten** täglich 9–21 Uhr | **Tipp** Am ersten Sonntag im Dezember findet das traditionelle Blausee-Eisschwimmen statt.

11 Die Holzbildhauerschule

Ein Ort der Kreativität

Wer durch Brienz flaniert, wird vielerorts Schnitzereien entdecken. Schaufenster zeigen kunstvolle Dosen in allen Grössen, Trachten- und Krippenfiguren, Bären, Kühe und ganze Alpaufzüge. Brienz ist die Wiege der Berner Oberländer Schnitzerei. Anfang des 19. Jahrhunderts begannen geschickte Handwerker – einer der ersten von ihnen war der Brienzer Christian Fischer (1790–1848) –, gedrechselte Gegenstände wie Teller und Eierbecher mit Schnitzereien zu versehen und an die Touristen zu verkaufen. Das fand Anklang, und viele gut betuchte Gäste wollten ihre Haushalte mit solchen Objekten bestücken. Später kamen Schweizer Chalet-Miniaturen dazu, Möbel, Spielsachen und anspruchsvolle Skulpturen mit Menschen-, Tier- und Pflanzenmotiven.

Und irgendwie passt es, dass sich die einzige Institution der Schweiz, in der heute das Handwerk der Holzbildhauerei erlernt werden kann, in Brienz befindet. Die Schule liegt etwas erhöht, in der Nähe der Kirche, am Dorfende gegen Interlaken zu. Tritt man in ihren Ausstellungsraum, sieht man sofort, mit wie viel Hingabe hier gearbeitet wird. Der grosse Raum mit den vielen Skulpturen ist ein offenes Atelier. Hier kann man den Lernenden unter anderem zuschauen, wie sie Figuren und Ornamente von Gipsvorlagen auf Holz übertragen. Faszinierend, wie präzise sie mit Hammer und Schnitzeisen umgehen und wie ihre Werke nach und nach Form annehmen.

An dieser Schule, die 1884 als «Schnitzlerschule Brienz» gegründet wurde, besuchen Lernende aus der ganzen Schweiz die Berufsfachschule für kunsthandwerkliche Berufe wie jenen der Holzbildhauerei, des Holzhandwerks – also Drechslerei und Weissküferei –, der Korb- und Flechtwerkgestaltung sowie der Küferei. Ein kreativer Ort also. Und anstatt im Dorf einfach eine kleine Holzfigur zu kaufen und wieder nach Hause zu fahren, empfiehlt es sich, einen Blick in dieses offene Atelier zu werfen.

Adresse Schleegasse 1, 3855 Brienz, Tel. 033/9521751, www.holzbildhauerei.ch | **ÖV** mit dem Zug von Interlaken nach Brienz bis Haltestelle Brienz Dorf, circa 15 Minuten zu Fuss durchs Dorf, vor der Kirche rechts, oder bis Haltestelle Brienz West und 5 Minuten zu Fuss | **Anfahrt** von Thun über Interlaken nach Brienz, durchs Dorf, vor der Kirche rechts, Parkplätze in der Nähe | **Öffnungszeiten** Ausstellung mit offener Werkstatt: Mo – Do 8 – 11.30 und 14 – 17 Uhr, Fr 8 – 11.30 und 14 – 15 Uhr; Führungen auf Anfrage! An Feiertagen und in den Schulferien bleibt die Schule geschlossen. | **Tipp** Auf der Axalp, in der Nähe von Brienz, gibt es einen Wanderweg, der von vielen Skulpturen der Brienzer Holzbildhauer gesäumt ist. www.schnitzlerweg-axalp.ch

12 Die schöne Schifferin

Diese Frau verdrehte den Touristen einst den Kopf

Ehrlich gesagt, den schönsten Ort hat sie nicht bekommen: am Rande des Bahnhofplatzes, umkurvt von Autos und Bussen. Doch es scheint sie nicht zu stören, die aus Lärchenholz geschnitzte Elisabetha Grossmann (1795–1858), die hier während der Sommersaison mit etwas verträumtem Blick in einem Ruderboot sitzt. Ob sie an die alten Zeiten zurückdenkt? Als sie Anfang des 19. Jahrhunderts Touristen über den Brienzersee ruderte? Vielleicht. Denn das war eine gute Zeit. Elisabetha war 16 Jahre alt, als Wilhelm von Balk auf die rudernde Schönheit aufmerksam wurde. Der deutsche Baron ermöglichte ihr einen Aufenthalt in einem Berner Erziehungsinstitut, wo sie das Benehmen, Französisch und das Klavierspiel erlernte. Danach wurde ihr eine Stelle in Russland angeboten, doch auf Bitte ihrer Eltern kehrte sie nach Brienz zurück, wo sie sich um die kleinen Geschwister kümmerte und wiederum ihre Ruderdienste anbot. Mit Letzterem wurde die junge Frau bald einmal zur Touristenattraktion. Viele Künstler malten sie, und man nannte sie «Die schöne Schifferin» oder «reine des bâtelières», die Schifferkönigin.

1813 verliebte sich Abram François Pettavel, der Sohn eines Neuenburger Ratsherren, in Elisabetha. Doch seine Eltern verlangten, dass er die Verbindung zu der «einfachen jungen Frau» abbrach. Elisabetha erhielt 800 Franken Schmerzensgeld und musste alle Briefe, die ihr Pettavel geschrieben hatte, zurückgeben. Drei Jahre später heiratete sie den Gastwirt Peter Ritter aus Unterseen, mit dem sie neun Kinder hatte. Der Mann war trunksüchtig und gewalttätig, Elisabetha litt und reichte die Scheidung ein, was zu jener Zeit ungeheuerlich war. Ihr Glück fand sie erst im Alter von 44 Jahren, als sie Peter Michel aus Brienz heiratete. Als späte Ehre darf die schöne Schifferin nun während der Sommersaison in einem Boot auf dem Brienzer Bahnhofplatz sitzen und die Touristen betrachten.

Adresse Bahnhofplatz (Ecke Hauptstrasse / Ländteweg), 3855 Brienz, Tel. Tourismusbüro 033/9528080, www.brienz-tourismus.ch | **ÖV** mit dem Zug von Interlaken bis nach Brienz | **Anfahrt** von Interlaken über die A 8 oder auf der anderen Seeseite über die Hauptstrasse nach Brienz, Parkplatz beim Bahnhof | **Öffnungszeiten** Mai – Okt. | **Tipp** Überquert man den Bahnübergang und geht bei der Schiffländte rechts den Seeweg entlang, trifft man (ganzjährig) auf ein Boot, wie es Elisabetha gerudert hat.

13 Die Dampfbahn

Wenn im Heizkessel Würste garen

Diese wohltuende Langsamkeit. Mit sieben Kilometern pro Stunde schiebt die Dampflokomotive die beiden Panoramawagen den Berg hoch. In einer Stunde legt der kleine Zug eine Strecke von 7,6 Kilometern zurück und erklimmt eine Höhendifferenz von 1.678 Metern. Während die Gäste dem rhythmischen Schnaufen und Stampfen der Maschine lauschen und die Sicht auf Brienzersee und Berge geniessen, leisten die Männer in der Lokomotive Schwerarbeit. Sie schaufeln während der Fahrt bis zu 300 Kilogramm Kohle in den Heizkessel, füllen um die 1.000 Liter Wasser in den Tank, und der Lokführer schmiert die Maschine mit einem Kilo Öl ein. Vier der insgesamt acht Lokomotiven der Brienz Rothorn Bahn werden heute noch mit Kohle betrieben, die anderen mit Öl.

Am Mittwoch und am Samstag ist auf je einer Fahrt eine Kohlelokomotive unterwegs. Und dann werden der Lokführer und seine Heizer zu Köchen: Sie garen nämlich im Heizkessel der Dampflokomotive Würste. Ein Witz? Nein! Auf der Planalp gibt es einen Halt, bei dem der Lokführer die «Heizerwürstli» persönlich mit weissen Handschuhen verteilt. Dazu gibt es «Zahnstangenbrot», ein Getränk und bei Interesse Auskunft über die Dampfbahn. Frisch gestärkt geht es weiter, der Bergstation entgegen, die etwas unterhalb des 2.350 Meter hohen Gipfels liegt.

Die erste Dampflokomotive fuhr im Jahre 1891 aufs Brienzer Rothorn. Als 1914 der Krieg ausbrach, wurde der Betrieb eingestellt und erst 1931 wieder aufgenommen. In der Zwischenzeit waren die meisten anderen Bergbahnen elektrifiziert worden, was die Brienz Rothorn Bahn zu einer der letzten Dampfzahnradbahnen machte. Nostalgie ist denn auch der Hauptgrund für diesen Ausflug. Ein weiterer: die grandiose Rundsicht vom Gipfel aus, wo sich die drei Kantone Bern, Obwalden und Luzern treffen. Wer Lust auf einen richtigen Abstecher in Letzteren hat: In zehn Minuten ist man mit der Luftseilbahn im luzernischen Sörenberg.

Adresse Hauptstrasse 149, 3855 Brienz, Tel. 033/9522222, www.brienz-rothorn-bahn.ch | **ÖV** mit dem Zug von Interlaken nach Brienz bis Haltestelle Brienz Dorf, gleich vis-à-vis fährt die Brienz Rothorn Bahn | **Anfahrt** von Thun über Interlaken nach Brienz, Parkplätze beim Bahnhof | **Öffnungszeiten** Juni – Mitte Okt. | **Tipp** Man sollte sich einen Traum erfüllen und eine Dampflok-Fahrt im Führerstand der Brienz Rothorn Bahn erleben oder einen Heizerkurs besuchen.

14 Der Kräuterautomat

Alpenchili auf Knopfdruck

Man kennt diese Automaten: Ein paar Münzen einwerfen, ein Produkt wählen und zuschauen, wie der Schokoriegel nach unten purzelt, wo man ihn schliesslich aus dem Fach angeln kann. Doch bei diesem hier landen keine Süssigkeiten im Fach, sondern zum Beispiel Kräuter und Tees. Und sie kommen nicht gepurzelt, nein, ein kleiner Lift befördert sie nach unten, damit die Gläschen heil bleiben. Hat man beim Einkauf die Gewürze für die Pizza vergessen, kann man ihn hier zu jeder Uhrzeit kaufen. Betrieben wird der Automat von der Firma Swiss Alpine Herbs, die auf das Trocknen und Verarbeiten von Alpenkräutern spezialisiert ist. Reist man nicht gerade mitten in der Nacht an, hat man gute Chancen, einen Blick in den dazugehörenden Shop mit Bistro zu werfen. Hier gibt es noch mehr Auswahl als am Automaten: Kräuter, Gewürze, Tees, Sirups, Bouillon und Risottos.

Die Kräuter werden von Bauern aus der Region angeliefert, möglichst frisch, also innerhalb von 24 Stunden nach dem Pflücken. In der Firma werden die Pflanzen geschnitten und schonend getrocknet, damit sie möglichst wenig Farbe und Aroma verlieren. Dabei durchlaufen sie einen grossen Vakuumtrockner, der einst in der Berner Firma Wander für das Trocknen von Ovomaltine verwendet wurde.

In den Hallen, die man während einer Führung betreten darf, steigen einem herrlich würzige Düfte in die Nase: Minze, Majoran, Basilikum, Salbei und Liebstöckel. Ein besonderes Gewürz, das hier verarbeitet wird, ist der Alpenchili. Der Gründer der Firma stiess einst in Guatemala auf Chilisorten, die in hoch gelegenen Gebieten wuchsen. Er brachte einige in die Schweiz und züchtete sie weiter. Mittlerweile pflanzen rund ein Dutzend Bauern im Bernbiet Chili an, dessen Schoten in Därstetten verarbeitet werden. Selbstverständlich gibt es auch dieses Gewürz auf Knopfdruck.

Adresse SAH Alpenkräuter AG, Gassenmatte 291, 3763 Därstetten, Tel. 033/7838010, www.swissalpineherbs.ch | **ÖV** mit dem Zug von Spiez Richtung Zweisimmen bis Station Därstetten, circa 2 Minuten zu Fuss | **Anfahrt** von Spiez Richtung Zweisimmen, in Därstetten knapp einen Kilometer nach dem Bahnübergang ausgangs Dorf auf der linken Strassenseite | **Öffnungszeiten** Shop und Bistro: Mo – Do 8 – 17 Uhr, Fr 8 – 18 Uhr, Sa 9 – 17 Uhr; Automat: täglich rund um die Uhr; Führungen durch den Betrieb: auf telefonische Anfrage | **Tipp** In Därstetten befindet sich das Knutti-Haus, eines der Häuser auf dem Simmentaler Hausweg, der von Wimmis nach Boltigen führt. www.hauswege.ch

15 Das Grimmiwasser

Wo die roten Quellen sprudeln

«Was kann das sein?», mag sich der ahnungslose Wanderer vielleicht fragen. Dieser rostrote Fleck weit hinten am Berg, der im Sonnenschein glitzert? Es sind die roten Quellen zuhinterst im Naturpark Diemtigtal. Um zu diesem Ort mit dem Namen Grimmiwasser zu gelangen, besteigt man am besten die Sesselbahn und fährt von der Grimmialp auf den Stierenberg. Von der Bergstation aus folgt man einem Wanderweg mit leichter Steigung, auf dem man die auffälligen Quellen zu Beginn immer wieder aus der Ferne sieht. Nicht nur deshalb lohnt es sich, einen Feldstecher mitzunehmen: Mit etwas Glück lassen sich an den steilen Hängen gegenüber auch Gämsen beobachten.

Kommt man dem geheimnisvollen Rot näher, ist es plötzlich hinter Hügeln verschwunden. Doch die weissen Schilder mit der Aufschrift «Kraftort Grimmiwasser» weisen den Weg. Eine der Quellen bildet einen kleinen Teich, und wenn die Sonne scheint, leuchtet er in recht kräftigem Rot. Diese Farbe bekommt das Wasser aufgrund seines hohen Eisengehalts. Genau genommen ist es nicht das Wasser, das rot ist: Die rötliche Farbe setzt sich einfach auf sämtlichen Steinen ab, die das Wasser auf den ersten Metern beim Durchfliessen berührt. Wer einen Schluck des Grimmiwassers kostet, nimmt einen stark metallischen, an Blut erinnernden Geschmack wahr.

Einst hat das Wasser seiner Heilkraft wegen viele Menschen angezogen. Es soll bei Verdauungsproblemen geholfen haben, bei Nervenkrankheiten und bei Husten. In Flaschen und Fässern wurde das begehrte Wasser zu Tale geschleppt, manchmal sogar unter widrigen Umständen mitten im Winter. 1899 errichtete man eine fünf Kilometer lange Leitung, um die Quellen direkt mit dem Kurhaus Grimmialp zu verbinden. Die Leitung besteht heute nicht mehr, doch noch immer schwören Leute auf die Wirkung des Wassers, und sogar Gämsen wurden beobachtet, die an den Quellen ihre Wunden heilten.

Adresse Grimmialp, 3757 Schwenden im Diemtigtal, Tel. Naturpark Diemtigtal 033/5222600, www.diemtigtal.ch | **ÖV** mit dem Zug nach Oey-Diemtigen, Postauto bis Haltestelle Schwenden i.D., Grimmialp, Sesselbahn auf Stierenberg, circa eineinviertel Stunden zu Fuss | **Anfahrt** Autobahn A 6, Verzweigung Lattigen, Richtung Zweisimmen, vor Latterbach links nach Oey-Diemtigen, Richtung Grimmialp, Parkplatz schräg vis-à-vis der Sesselbahn | **Öffnungszeiten** Während der Wandersaison. Der Sessellift ist nur an Wochenenden und in den Ferien von Mi bis So bei schönem Wetter in Betrieb. Tel. 033/6841292 | **Tipp** Auf Wunsch gibt es geführte Wanderungen zu den roten Quellen. Info unter www.diemtigtal.ch.

16 Die Alpkäserei

Von der Haftanstalt zur Biokäserei

Vor dem stattlichen Haus steht ein Kühlschrank. Dieser birgt Alpkäse, Mutschli, Ziegenkäse, Joghurt, Rahm und Butter; frische Produkte, die man in Selbstbedienung kaufen kann. Ein paar Milchkannen hängen umgedreht an der Hauswand, drinnen spritzt der Käser mit einem Schlauch den Boden ab. Im grossen Kupferkessel hat das Rührwerk die Milch, die nun in Schotte und Käse geteilt ist, zu einer hellen, flockigen Masse gemacht.

Der Käser und seine Mitarbeiterin verarbeiten im Jahr 250.000 Liter Kuh- und 40.000 Liter Ziegenmilch in Bioqualität. Die Produkte werden in der ganzen Schweiz verkauft, unter anderem auch bei Coop. Die Masse aus dem Kupferkessel ist nun fest geworden, die Käser schneiden sie in grosse Blöcke und füllen sie in runde Formen. Mehrere Stunden wird der Käse gepresst, dann in ein Salzbad gelegt, schliesslich kommt er zur Reifung in einen der drei Keller. Dort wird er regelmässig gewaschen, gebürstet, gewendet und mit einer Mischung aus Wasser und Salz eingerieben.

Die Alpkäserei Kiley ist das ganze Jahr über in Betrieb. Der Name ist einer Legende nach beim Jassen entstanden. Früher wurde oft um Geld gespielt, und dabei soll einer der Bauern «kein Leih» erhalten haben, was im Dialekt etwa wie «ki Ley» ausgesprochen wird. Auch das Haus hat eine bewegte Geschichte. Im 19. Jahrhundert war es im Besitz der Stadt Thun und wurde als Käsespeicher genutzt. Dann ging es an den Kanton Bern über, der darin bis 1972 eine Aussenstation der Strafanstalt Witzwil betrieb. Die Häftlinge mussten sommers auf der Alp arbeiten und winters die Strassen räumen. Später dienten Alpen und Gebäude als Ausbildungsstätte landwirtschaftlicher Schulen und als militärische Unterkunft. 2004 schlossen sich sieben Diemtigtaler Bauern zusammen, gründeten die Genossenschaft IG-Kiley-Alpen, kauften Haus und Alpen dem Kanton ab und richteten im Spycher die Alpkäserei ein.

Adresse Kileystrasse 543, 3757 Schwenden im Diemtigtal, Tel. 033/6840103 oder 078/6266912, kiley.alpkaeserei@bluewin.ch | ÖV mit dem Zug nach Oey-Diemtigen, mit dem Postauto bis Haltestelle Schwenden, Altes Schulhaus, dann gut eine Stunde zu Fuss | Anfahrt Autobahn A 6, Verzweigung Lattigen, Richtung Zweisimmen, vor Latterbach links nach Oey-Diemtigen ins Diemtigtal, in Schwenden links Richtung Kiley, dann noch knapp 4 Kilometer | Öffnungszeiten Ganzjährig. Der Kauf von Produkten ist immer möglich (Kühlschrank). | Tipp Kurz vor der Abzweigung «Kiley» im Diemtigtal ist das «Tiermatti», ein altes, mit Malereien und Schnitzereien verziertes Haus.

17_Die Model-Box

Modellautos, so weit das Auge reicht

Manchmal fährt eine Limousine vor, ein Chauffeur springt heraus und reisst die hintere Wagentür auf. Der gut gekleidete Herr, der aussteigt, ist ein prominenter Chaletbesitzer auf dem Weg nach Gstaad. Grund für den Zwischenstopp: Der Herr will ein Modellauto für seinen Schreibtisch. Man muss ihm gratulieren, denn er hat die richtige Wahl getroffen. Die Model-Box, dieser Laden im Haus Krone mitten im Dorf, ist ein Paradies für Modellauto-Liebhaber.

Aber, wohlverstanden, nicht nur für gut Betuchte. Hier findet sich für jedes Budget etwas, das ist den Inhabern Christoph und Margrit Zurbrügg wichtig. 10.000 Modelle in verschiedenen Massstäben – darunter auch Lastwagen, Motorräder, Schiffe und Flugzeuge – sind in diesem Laden beherbergt, zwischen 2,50 und 10.000 Franken teuer. Christoph Zurbrügg kennt sie alle. Verlangt man ein bestimmtes Modell, hält er kurz inne, verschwindet hinter Stapeln von Schachteln und taucht mit dem Fund wieder auf. Klappt es nicht, notiert er den Wunsch und hält fortan Ausschau.

Der Gastronomie-Fachmann, der vor fast 30 Jahren seine Leidenschaft zum Beruf machte, ist ein Kenner. Seine Frau Margrit übernimmt das Administrative und kümmert sich ebenfalls um das Café Krone, wo sich die Begleiter der Autofans die Zeit vertreiben können.

Derweil tauchen die Fans in ihre Welt ein. Da gibt es die Frankreich-Nostalgiker, die auf der Suche nach Deux-Chevaux sind, die Mercedesfreunde, die das neuste Modell in ihrer Vitrine brauchen, oder jene, die sämtliche Autos, die sie je besassen, im Kleinformat zu Hause haben wollen.

Das Haus Krone war übrigens einst ein wichtiges Hotel, wo Viehhändler aus der ganzen Welt nächtigten und Kurgäste auf der Durchreise zum Weissenburgbad mit Kutschen vorfuhren. «Damals waren es die Kutschenpferde, die zum Haus gehörten», sagt Zurbrügg, «heute sind es die Ferrari-Pferde.»

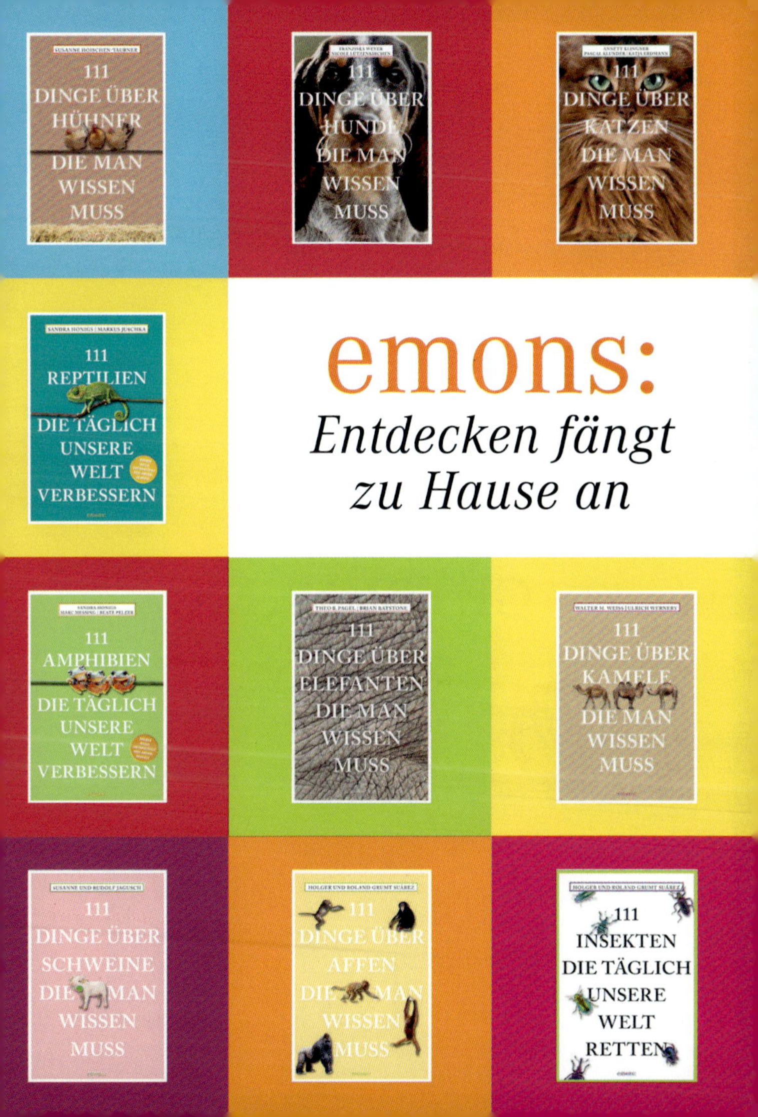
111 DINGE ÜBER HÜHNER DIE MAN WISSEN MUSS
111 DINGE ÜBER HUNDE DIE MAN WISSEN MUSS
111 DINGE ÜBER KATZEN DIE MAN WISSEN MUSS
111 REPTILIEN DIE TÄGLICH UNSERE WELT VERBESSERN
emons:
Entdecken fängt zu Hause an
111 AMPHIBIEN DIE TÄGLICH UNSERE WELT VERBESSERN
111 DINGE ÜBER ELEFANTEN DIE MAN WISSEN MUSS
111 DINGE ÜBER KAMELE DIE MAN WISSEN MUSS
111 DINGE ÜBER SCHWEINE DIE MAN WISSEN MUSS
111 DINGE ÜBER AFFEN DIE MAN WISSEN MUSS
111 INSEKTEN DIE TÄGLICH UNSERE WELT RETTEN

ISBN 978-3-7408-1632-2

ISBN 978-3-7408-1801-2

ISBN 978-3-7408-1838-8

111 DRINKS DIE MAN GETRUNKEN HABEN MUSS

ISBN 978-3-7408-1835-7

FÜR
18,00 €
(A) 18,60 €

ISBN 978-3-7408-1222-5

ISBN 978-3-7408-1741-1

ISBN 978-3-7408-1069-6

Adresse Model-Box / Café Krone, Dorf 309, 3762 Erlenbach im Simmental, Tel. 033/6812575, www.model-box.ch | **ÖV** Zug ab Spiez Richtung Zweisimmen, Station Erlenbach | **Anfahrt** Autobahn A 6 Richtung Spiez, Verzweigung Lattigen Richtung Zweisimmen, bis nach Erlenbach | **Öffnungszeiten** Di – Fr 9 – 12 und 13.30 – 18 Uhr, Sa 9 – 17 Uhr | **Tipp** Im nahe gelegenen Agensteinhaus ist das «Museum der alten Landschaft Niedersimmental», das Interessantes zu Geschichte, Viehzucht und Handwerk zeigt.

18 Das Stockhorn

Ein Verwandlungskünstler mit Balkon

Zuerst bekam der Berg Augen. Aufgeschlagen hat er sie im Jahre 2001, und der Weg zu diesen beiden Fenstern in der Stockhorn-Nordwand führt durch einen 70 Meter langen Stollen. Man durchquert die oberste Spitze des Berges und passiert dabei die Grenze der Gemeinden Erlenbach im Simmental und Stocken im Stockental. 2013 bekamen die Augen eine leicht nervenkitzelnde Ergänzung. Eines der Augen hat sich verwandelt, und hat man den Stollen durchschritten, steht man jetzt vor einer Schiebetür aus Glas. Manch einer hält kurz den Atem an, wenn diese sich öffnet. Denn die Aussichtsplattform, die sich einem präsentiert, hat einen Gitterrostboden mit gläsernem Ausschnitt in der Mitte und lässt tief blicken: Rund 400 Meter schwebt man über dem Abgrund. Auch wenn diese Balkon-Aussicht grossartig ist und an klaren Tagen bis zum Elsass und dem südlichen Schwarzwald reicht, lohnt es sich, den kurzen Aufstieg zum Gipfel, der zudem ein Alpenblumen-Lehrpfad ist, unter die Füsse zu nehmen, von wo aus man einen herrlichen Rundblick geniesst.

Das Stockhorn ist ein wahrer Verwandlungskünstler. Kommt man von Bern her, ragt es markant als breiter Felsendaumen, als «Stock», aus der Bergkette. Seitlich von der rechten Thunerseeseite aus betrachtet, wirkt es zwar auch wie ein Daumen, präsentiert sich aber als «Horn» viel schmaler und eleganter. Blickt man aus dem Simmental zu ihm empor, hat man eine eher unauffällige Erscheinung vor sich. Den Berg mit den vielen Gesichtern erreicht man von der Simmentalerseite her mit einer Luftseilbahn. Nach der Mittelstation schwebt man über den bei Fischern beliebten Hinterstockensee. Er und auch der Oberstockensee, der sich weiter hinten befindet, werden sommers mit Regenbogenforellen bestückt. Doch einige Fischer reisen auch im Winter an: Der Hinterstockensee weist dann eine so dicke Eisschicht auf, dass sie hier dem Eisfischen frönen können.

Adresse Stockhornbahn AG, Kleindorf 338 A, 3762 Erlenbach im Simmental, Tel. 033/6812181, www.stockhorn.ch | ÖV Zug ab Spiez Richtung Zweisimmen, Station Erlenbach, Luftseilbahn aufs Stockhorn (einmal umsteigen) | Anfahrt Autobahn A 6 Richtung Spiez, Verzweigung Lattigen Richtung Zweisimmen, bis nach Erlenbach, grosser Parkplatz bei der Talstation, dann wie bei ÖV | Öffnungszeiten Sommer: Mitte April–Mitte Nov., Winter: Mitte Nov.–Anfang März | Tipp Auf dem Weg von der Berg- zur Mittelstation kommt man am Berggasthaus Oberstockenalp vorbei. Unbedingt eine Rast einlegen! www.oberstockenalp.ch

19 Die Schiefergruben

Wo viele Schultafeln ihren Ursprung haben

Wer in der Schule seine ersten Buchstaben auf eine Schiefertafel kritzelte, fragte sich vermutlich nicht, woher diese Tafel stammte. Vielleicht kam sie aus Frutigen. Im Frutigtal wurde während 200 Jahren Schiefer abgebaut, die letzte Grube schloss ihre Tore 1977.

Heute gibt es noch zwei dieser Gruben, die man – aus Sicherheitsgründen nur von aussen – besichtigen kann. Einfach sind sie allerdings nicht zu erreichen. Sie befinden sich am Spissenweg, der weit oberhalb der Frutigen-Adelboden-Strasse durch die tief eingeschnittenen Gräben, die sogenannten Spissen, führt.

Von den Holzhütten, die es bei den Schiefergruben damals gab, ist nichts mehr zu sehen. Sie waren eng an den Fels gebaut, damit sie winters nicht von den Lawinen weggerissen wurden. Diese Lage gestaltete den Zugangsweg für die Arbeiter schwierig.

Es war sowieso eine ungemein harte Arbeit, die sie da verrichteten, und nicht selten trugen sie gesundheitliche Schäden in Form einer Staublunge davon. Einer der Arbeiter sprengte ein Schieferband vom Fels, und der nächste legte den Block mit Hammer und Meissel frei. In der Hütte wurden die Blöcke mit der Spaltschiene in Platten gespalten, auf die gewünschte Grösse gebrochen und zurechtgeschnitten. Zur endgültigen Bearbeitung brachte man die Tafeln mit Pferd und Wagen in die Schiefertafelfabrik nach Frutigen.

Entdeckt wurde der Schiefer, als man nach einem Ersatz für die Dachziegel suchte, deren Brennen viel Holz verbrauchte. 1786 befahl der Schlossherr von Spiez, Franz Ludwig von Erlach, in Mülenen Schiefer abzubauen, um sein Bootshaus am Thunersee zu decken. Das war der Beginn des Schieferabbaus im Berner Oberland. Das oberflächliche Vorkommen war bald einmal erschöpft, sodass man den Schiefer ab 1811 in Stollen gewann. Um mehr über den Abbau zu erfahren, lohnt es sich, im Tourist Center Frutigen eine geführte Schieferwanderung zu buchen.

Adresse auf dem Spissenweg zwischen Adelboden und Frutigen, Tourist Center Frutigen: Tel. 033/6711421, www.frutigen-tourismus.ch | **ÖV** mit dem Zug von Thun bis Frutigen, 10 Minuten zu Fuss zum Marktplatz mitten im Dorf, dann geführte Tour oder Wanderung | **Anfahrt** ab Thun über Spiez nach Frutigen, grosser Parkplatz beim Marktplatz mitten im Dorf | **Öffnungszeiten** Mai–Okt. Eine geführte Wanderung wird auf Anfrage für Gruppen ab 8 Personen angeboten. Wer die Gruben selbst besichtigen will, begeht den 6,5-stündigen Spissenweg von Frutigen nach Adelboden oder fährt mit dem Bus bis Haltestelle Rohrbach und wandert dann circa 3,5 Stunden. Infos im Tourist Center Frutigen. Weitere Infos zum Schieferabbau unter www.kulturgutstiftung.ch | **Tipp** Die Schiefertafelfabrik Frutigen (beim Viadukt) gibt es noch. Zu Öffnungszeiten kann man ihren Shop besuchen. Führungen auf Anfrage! www.schiefer-granit.ch

20 Das Tropenhaus

Papaya, Bananen und Sibirische Störe

Dass man hie und da vielleicht Kartoffeln verzehrt, die in Frutigen gewachsen sind, ist keine Besonderheit. Wenn es sich allerdings um Papaya, Bananen oder Kaviar handelt, wird man einen zweiten Blick auf die Herkunftsangabe werfen. Frutigen? Doch, richtig gelesen. Tatsächlich wachsen in diesem Berner Oberländer Dorf tropische Früchte und gedeihen zwecks Kaviargewinnung Sibirische und Russische Störe.

Daran ist der Bau des Lötschberg-Basistunnels schuld, der den Kanton Bern mit dem Wallis verbindet. Seit dem Bau des Tunnels im Jahre 2007 fliessen pro Sekunde 50 Liter warmes Wasser aus dem Berg. Mit einer Temperatur von 18 Grad ist dieses zu warm, um direkt in die Kander geleitet zu werden. Es würde die Erhaltung der Seeforelle gefährden, die in diesem Fluss eines ihrer Laichgebiete hat. Also musste man eine Lösung finden, um das warme Tunnelwasser abzukühlen. Die Lösung hiess: ein Tropenhaus mit Aquakultur. Fortan wollte man das reine Bergwasser nutzen, um darin wärmeliebende Fische aufzuziehen, und die grosse Menge an Wärmeenergie, um tropische Früchte zu produzieren. Gesagt, getan. 2009 hat das Tropenhaus seine Tore geöffnet, und die Wärme, die trotz Stören und tropischen Früchten übrig bleibt, fliesst seither in den Kreislauf des regionalen Wärmeverbundes.

Das Tropenhaus lässt sich unter kundiger Führung oder allein begehen. Im üppigen Garten gibt es allerlei unbekannte Pflanzen, aber auch Orchideen, Bananen und Papaya, sowie riesige Schildkröten zu bewundern. Im Aquarium schwimmen die eigentümlichen Störe, und eine Ausstellung erklärt auf anschauliche Weise den Wasserkreislauf und die Gewinnung des edlen Kaviars. Abgerundet wird das Ganze durch ein Restaurant, das vom einfachen Zvieri bis zum Gourmetessen alles bietet. Man kann zum Beispiel an einem der romantischen Zweiertische unter tropischen Stauden sitzen.

Adresse Tropenhaus Frutigen, Tropenhausweg 1, 3714 Frutigen, Tel. 033/6721144, www.tropenhaus-frutigen.ch | ÖV mit dem Zug von Thun bis Frutigen, 5 Minuten zu Fuss | Anfahrt Richtung Spiez – Frutigen – Kandersteg, Ausfahrt Frutigen Nord, den Wegweisern folgen | Öffnungszeiten Mi 10 – 17.30 Uhr, Do – Sa 10 – 23 Uhr, So 10 – 17.30 Uhr, Ausstellung bis 17.30 Uhr | Tipp Der Lötschberg-Basistunnel, «Lieferant» des warmen Wassers, kann auf einem geführten Rundgang besichtigt werden: Tel. 058/3272807, www.bls.ch.

21 Die Triftbrücke

Eine spektakuläre Hängebrücke beim Gletschersee

Da muss man jetzt einfach durch. Drüben, in einem kleinen Kasten, wartet schliesslich das Brückenbuch. Und andere haben dort schon Dinge wie «I did it!» eingetragen. Da sollte man doch auch etwas hinzufügen können. Mit andern Worten, hier aufzugeben wäre schlecht. Wofür hat man sich sonst mit einer winzigen roten Gondel durch die Triftschlucht bringen lassen und ist anderthalb Stunden den Berg hochgekraxelt? Genau für diese spektakuläre Hängebrücke, die 170 Meter lang und 100 Meter hoch über dem Gebiet des Triftgletschers schwebt.

Der Bau dieser Brücke hat mit der Klimaerwärmung zu tun. Vor 20 Jahren erreichte man die Trifthütte des Schweizer Alpen Clubs SAC noch zu Fuss über die Zunge des Triftgletschers. Als diese mehr und mehr schmolz, war das nicht mehr möglich. Deshalb baute man im Jahre 2004 – nach dem Vorbild nepalesischer Dreiseilbrücken – eine Hängebrücke über die entstandene Schlucht. Bald einmal erfreute sich die Brücke so grosser Beliebtheit, dass sie fünf Jahre später durch eine sicherere und besser zugängliche Konstruktion ersetzt wurde. Die Triftbrücke gilt als eine der längsten und höchsten Fussgängerhängeseilbrücken der Alpen.

Heute hat sich der Gletscher noch weiter zurückgezogen, ein Bild, das einem zu denken gibt. Dennoch ist die Landschaft imposant, ja zeigt ein fast schauerlich-schönes Bild in ihrer schroffen Kargheit. Die tiefe Schlucht, der rauschende Bach, der türkisblaue, von Bergen umrahmte Gletschersee und der schmelzende Gletscher. Doch wie war das jetzt mit dem Überqueren der Brücke? Zugegeben, sie schwankt ein bisschen. Aber die Geländer sind hoch, man kann sich auf beiden Seiten festhalten, und wer sich schwertut, setzt am besten einen Fuss vor den andern und schaut nicht zu oft hinunter. Hat man es geschafft, gratuliert man sich und schreibt ins Brückenbuch. Der Weg zurück ist dann nur noch halb so schlimm.

Adresse Nessental, 3863 Gadmen, die Triftbahn wird von der KWO betrieben, Tel. 033/9822626, www.grimselwelt.ch | **ÖV** mit dem Zug von Interlaken nach Innertkirchen, mit dem Postauto bis Nessental, Triftbahn, mit Gondel hinauf, circa 1,5 Stunden zur Brücke wandern | **Anfahrt** von Interlaken über Meiringen nach Innertkirchen, weiter Richtung Susten bis Nessental, Triftbahn, grosser Parkplatz, dann wie ÖV | **Öffnungszeiten** circa Juni–Okt., Tickets am besten online reservieren | **Tipp** Von der Triftbrücke aus kann man in circa 30 Minuten zur Windegghütte wandern und etwas essen oder trinken. www.windegghuette.ch

22 Der Lawinenbunker

Wie ein Dorf mit den Naturgefahren lebt

Idyllisch liegt er sommers da, der Weiler Obermad, umrahmt von saftig grünen Wiesen und markanten Bergen. Doch kaum betritt man den tunnelartigen Bunker, denkt man unweigerlich an das Donnern einer Lawine. Stellt sich vor, wie sich der Schnee oben am Berg löst, an Geschwindigkeit und Masse gewinnt und ins Tal rast. Hier in Gadmen, jenem kleinen Dorf vor dem Sustenpass, der die Kantone Bern und Uri verbindet, sind die Winter hart und Lawinen keine Seltenheit. Die Dorfbewohner haben gelernt, mit diesen Gefahren zu leben. Seit jeher bauen sie ihre Häuser dort, wo die Sicherheit am höchsten ist. Zwischen Gadmen mit 70 Einwohnern und dem dazugehörigen 16-Seelen-Weiler Obermad liegt ein unbebauter Abschnitt von etwa 500 Metern. Die Häuser von Obermad stehen direkt vor einem Hügel namens Katzenhubel. Löst sich am Berg eine Lawine – e Louwi, wie man im hiesigen Dialekt sagt –, wird sich diese teilen und die Häuser weitgehend verschonen.

Der Hügel aber hat ein wichtiges Innenleben: Er ist ein Lawinenbunker und so eingerichtet, dass die Dorfbewohner mehrere Tage darin leben können: zwei lange Tische mit Bänken, eine Kochnische, ein Ofen, Toiletten und zwei Räume mit insgesamt 32 Schlafplätzen in Stockbetten. Eine Leiter führt zu einem Ausguck, von wo aus die Bewohner nach dem Niedergang der Lawine beurteilen können, was sie angerichtet hat.

Das letzte Mal verbrachten die Obermader im Winter 1999 eine längere Zeit im Bunker. Damals war das Dorf zwei Wochen von der Umwelt abgeschnitten, die Kinder hatten schulfrei, und der Helikopter brachte alle paar Tage frisches Brot. Morgens und abends verliessen die Bauern den Bunker, was gefährlich, aber notwendig war, denn das Vieh weilte im Stall und musste gefüttert und gemolken werden. Mit all diesen Bildern im Kopf verlässt man den Lawinenbunker wieder – und ist fast ein bisschen froh, wenn die Wiesen noch grün sind.

Adresse den Schlüssel für den Lawinenbunker im Hotel Gadmer Lodge in Gadmen verlangen, Tel. 33/9750030, www.gadmerlodge.ch | ÖV mit dem Zug von Interlaken nach Innertkirchen, mit dem Postauto bis Gadmen, Obermad | Anfahrt von Interlaken über Meiringen nach Innertkirchen, weiter Richtung Susten bis Gadmen, Obermad (nach dem Dorf Gadmen!) | Öffnungszeiten Hotel Gadmer Lodge täglich 8.30 – 22 Uhr | Tipp Der «Lehrpfad Naturgefahren» informiert an 6 Posten, wie sich der Mensch der Natur anpasst (Dauer circa eine Stunde). Erster Posten ist der Lawinenbunker.

23 Die Gasternbibel

Ein gut gehütetes Geschenk

Diese Bibel lässt die Herzen von Bücherfreunden höherschlagen. In Leder gebunden, mit Messingbeschlägen, zehn Zentimeter dick, 40 auf 27 Zentimeter gross und sieben Kilogramm schwer. Seit mehr als drei Jahrhunderten wird das stattliche Buch im Gasterntal aufbewahrt, die letzten 40 Jahre im Berghotel Steinbock.

Und das kam so: Einst liess man in Bern Bibeln mit einer Übersetzung des Gelehrten Johannes Piscator durch den Buchdrucker Gabriel Thomann herstellen. Dieser hatte einen Vetter namens Ulrich Thomann, Landvogt von Aigle, der durch die Obrigkeit beauftragt wurde, den Lötschenpass auszubauen, die damals wichtigste Verbindung zwischen Bern und dem Wallis. Auf diese Weise lernte Thomann die Bewohner des Gasterntals kennen. Er sah, dass sie wegen Lawinen monatelang abgeschnitten waren und ein Gang zum nächsten Gotteshaus in Frutigen unmöglich war. So kam er auf die Idee, ihnen im Jahre 1696 ein Exemplar der Piscator-Bibel zu schenken. Dabei trug er ihnen auf, immer der älteste Talbewohner müsse die Bibel aufbewahren und dafür sorgen, dass sie für die anderen zugänglich sei. Das ist bis heute so geblieben, obschon das Tal nur noch sommers bewohnt wird. Der älteste Bewohner ist zurzeit Christian Künzi, Gastwirt im Berghotel Steinbock. Die Bibel wird in einem Safe aufbewahrt, kommt bei der jährlichen Bergpredigt zum Einsatz und kann auf Voranmeldung besichtigt werden. Der Umschlag des Buches wurde 1785 und 1979 restauriert, der Rest ist so gut wie original. Deshalb müssen beim Durchblättern Handschuhe getragen werden.

Der Lötschenpass ist auch heute noch gut begehbar. Aus den damaligen Ausbauplänen wurde aber nichts: Die Walliser verweigerten aufgrund alter Streitigkeiten den Weiterbau der Strasse, und so verfiel das Bauwerk wieder. 1741 wurde der Gemmipass zur wichtigsten Verbindung ins Wallis, heute sind es vor allem der Lötschbergtunnel und der Lötschberg-Basistunnel.

Adresse Berghotel Steinbock, Selden, 3718 Kandersteg, Tel. 033/6751162, www.steinbock-gasterntal.ch | **ÖV** mit dem Zug nach Kandersteg, mit dem Bus nach Selden (Kander-Reisen, Reservation erforderlich, Tel. 033/6711172) | **Anfahrt** von Thun über Spiez nach Kandersteg, bis zuhinterst ins Dorf, am Automaten oder im Restaurant Bewilligung lösen; Achtung, Einbahnverkehr! | **Öffnungszeiten** Mai–Okt. Die Bibel kann nur auf Voranmeldung und wenn nicht allzu viel Betrieb herrscht, besichtigt werden. | **Tipp** Den Wanderweg vis-à-vis des Hotels einschlagen und über die nahe gelegene kleine Hängebrücke gehen.

24 Das Gasterngesicht

Schau mir in die Augen, Grosser

Wer kennt es nicht, das Hardermannli oberhalb von Interlaken. Das Felsengesicht, zu dem es die haarsträubende Sage eines bösen Mönches gibt, hat es zu Berühmtheit gebracht. Was nur die wenigsten wissen: Auch das Gasterntal hat sein Felsengesicht. Im Heimatmuseum von Kandersteg heisst es unter seinem Bild: «Die Vereinigten Staaten von Amerika haben am Mount Rushmore die Gesichter von vier Präsidenten in die Felsen meisseln lassen. Das Gasterntal hat sein Gesicht durch die Natur in Granit geformt.»

Und das auf sehr eindrückliche Weise. Steht man an der richtigen Stelle, ist man geradezu verblüfft, wie einen das Gesicht in der gegenüberliegenden Felswand klar und deutlich anguckt. Diese richtige Stelle ist – kommt man von Kandersteg her taleinwärts – auf der zweiten Streckenhälfte mit einem hölzernen Wegweiser am Strässchen beschriftet. Ein Forstweg führt in etwa fünf Wanderminuten zu einer ebenen Stelle, wo sich eine Sitzbank mit direktem Blick auf das Gasterngesicht befindet.

Nicht nur das Hardermannli hat seine Geschichte, auch über diesen felsigen Bewohner des Gasterntals wurde einst geschrieben. Im Buch «Der Märchensammler» von Sylvia Loretan ist zu lesen: «Noch immer blickt der gute David ins Gasterntal. Man erzählt sich, dass nur jene ihn sehen, die Frieden im Herzen haben oder Frieden suchen.»

Umso mehr freut es einen, wenn man das Felsengesicht erspäht hat. Doch nicht nur dieses Naturwunder lässt einen im Gasterntal staunen. Schon bei der Anreise bekommt man die Wildheit des Tals zu spüren. Der kleine Bus passt haarscharf auf die schmale, in den Felsen gehauene Strasse. Nach der anfänglichen Enge weitet sich das Tal ein bisschen, und die junge Kander mäandert durch eine flache, kiesige Auenlandschaft. Umrahmt wird das Ganze von schroffen Felswänden, und mitten aus einer solchen schiesst ein kräftiger Wasserstrahl, der Geltibach.

Adresse in der hinteren Hälfte des Gasterntals (Wegweiser beachten!) | **ÖV** mit dem Zug nach Kandersteg, mit dem Bus ins Gasterntal (Kander-Reisen, Reservation erforderlich, Tel. 033/6711172) | **Anfahrt** von Thun über Spiez nach Kandersteg, bis zuhinterst ins Dorf, am Automaten oder im Restaurant Bewilligung lösen; Achtung, Einbahnverkehr! | **Öffnungszeiten** zugänglich Mai – Okt. | **Tipp** Der Bergfrühling im Juni ist im Gasterntal besonders schön: Dann blühen unzählige wilde Orchideen.

25 Die Giessbachfälle

Ein Weg hinter dem Wasserfall

Wasserfälle sind per se etwas Spektakuläres. Beim Giessbach gibt es aber noch eine Besonderheit. Hier, hoch über dem Brienzersee, kann man die eindrücklichen Kaskaden hautnah betrachten. Seit dem 19. Jahrhundert führt ein Wanderweg direkt hinter dem Giessbachfall hindurch. Diesem stolzen Bach, der den Hochtälern des Faulhorngebiets entspringt und in 14 Stufen 400 Meter in den Brienzersee hinabstürzt. Es ist eindrücklich, hier stehenzubleiben, umgeben vom Tosen des Wasserfalls, mit Blick auf den türkisfarbenen Brienzersee, die stattlichen Bergketten und das historische Grandhotel Giessbach.

Es war im Jahr 1817, als der Brienzer Schulmeister Johannes Kehrli den Giessbach für die ersten Fremden zugänglich machte. Er errichtete einen Fusspfad vom See hinauf und bot den Gästen musikalische Unterhaltung. 1822 baute er ein einfaches Holzhaus und servierte Milch, Brot, Käse sowie Kirsch- und Zwetschgenwasser aus eigener Herstellung.

Jahre später, 1874, wurde der Hotelarchitekt Horace Edouard Davinet mit dem Bau eines neuen Hotels «im Charakter eines französischen Barockpalasts» beauftragt. So entstand das Grandhotel, dessen Terrasse auf der einen Seite den Blick zum See, auf der anderen zum Wasserfall freigab. Es durchlebte schwierige Zeiten – 1883 brannte es ab, und mehrmals wäre es beinahe eingegangen –, doch heute erstrahlt es in sanft renovierter Schönheit und bietet Hotelzimmer, Restaurants und eine Bar. Das Grandhotel Giessbach thront, eingebettet in eine stattliche, 22 Hektar grosse Park- und Gartenanlage, über dem Brienzersee. Zu erreichen ist es per Schiff und Standseilbahn oder mit dem Auto. Vom Parkplatz aus führt der Weg rund zehn Minuten durch den Wald bis zum Hotel. Wer gut zu Fuss ist, sollte im Wald abbiegen und den Weg zum Wasserfall einschlagen. Das Erlebnis, hinter den tosenden Wassermassen zu stehen, ist einmalig.

Adresse Grandhotel Giessbach, 3855 Brienz-Giessbach, Tel. 033/9522525, www.giessbach.ch | **ÖV** mit dem Zug von Thun nach Interlaken, mit dem Schiff bis Giessbach, mit der Standseilbahn zu Grandhotel und Wasserfall | **Anfahrt** von Thun über Interlaken nach Brienz, rechts Richtung Axalp und Giessbach abbiegen, den ersten grossen Parkplatz benützen | **Öffnungszeiten** April–Ende Okt. täglich, Nov.–März Mi–So, Betriebsferien Mitte Dez.–Mitte Jan. | **Tipp** Neben dem Grandhotel Giessbach befindet sich die älteste Standseilbahn Europas, die noch in Betrieb ist. Sie ist die erste der Welt mit einer Abtschen Weiche, die das Kreuzen der Wagen in der Mitte erlaubt.

26 Die Gelmerbahn

Nichts für schwache Nerven

Bei der Talstation beschleichen einen gewisse Zweifel. Der Blick auf die bevorstehende Strecke der Gelmerbahn ist furchterregend. Fast überhängend steil führt sie in die Höhe, und man stellt sich unwillkürlich die Frage: Will man sich das antun? Die Antwort lautet: Ja, unbedingt! Das Erlebnis, mit der steilsten offenen Standseilbahn Europas zu fahren, ist einzigartig. Der offene Wagen tuckert im Schneckentempo hinauf zum Gelmersee, 450 Höhenmeter legt er zurück, steiler und steiler wird es, bis die Steigung beim Mast Nummer 13 den Rekordwert von knapp 47 Grad erreicht, also fast 106 Prozent. Das ist definitiv nichts für schwache Nerven. Vielleicht kurz die Augen schliessen? Nein, das wäre schade, denn die Aussicht auf die Grimselwelt ist faszinierend.

1926 erhielt die Firma VonRoll von den Kraftwerken Oberhasli KWO den Auftrag, diese Windenbahn zu erstellen. In den ersten Jahren diente sie als Transportbahn für die Bauarbeiten der Grimsel-Wasserkraftwerke beim Gelmersee. Später wurde das kühne Bauwerk auch bei Touristen beliebt. 2001 beschloss man eine Modernisierung und verpasste dem originalen Wagengestell von 1926 einen offenen Aufbau aus Holz. Seither werden auf den zwölfminütigen Fahrten maximal 24 Personen befördert.

Von der Bergstation aus bietet sich die Gelegenheit, ein Stück den künstlich angelegten, aber sehr schönen Gelmersee entlangzugehen oder ihn gar in einer zweistündigen Wanderung zu umrunden. Die Zeit der Rückfahrt mit der Gelmerbahn muss fix gebucht und auch eingehalten werden. Es ist sowieso von Vorteil, die Tickets vorab zu reservieren, da der Andrang an schönen Tagen gross sein kann. Aber Vorsicht, es geht wie im Kino: Holt man die Tickets nicht 15 Minuten vor der Abfahrt ab, sind sie weg. Kommt es doch zu Wartemomenten, kann man zum Zeitvertrieb und als kleine Mutprobe die Handeckfallbrücke, eine Hängebrücke neben der Talstation, begehen.

Adresse Handeck, 3864 Guttannen, Tel. 033/9822626, www.grimselwelt.ch | ÖV mit dem Zug von Thun über Interlaken, Meiringen nach Innertkirchen, mit dem Postauto bis Haltestelle Handeck, Gelmerbahn, 5 Minuten zu Fuss | Anfahrt von Thun über Interlaken, Meiringen, Innertkirchen, Guttannen bis Handeck, grosser Parkplatz, 5 Minuten zu Fuss | Öffnungszeiten Anfang Juni – Mitte Okt. 9 – 16 Uhr, Juli und Aug. 9 – 17 Uhr, Tickets am besten online reservieren | Tipp Ab Bergstation der Gelmerbahn kann man in circa zweieinhalb Stunden zur Gelmerhütte wandern.

27 Das Grimsel Hospiz

Bereit für den winterlichen Rückzug

Wer im Winter die totale Ruhe sucht, ist hier gut aufgehoben. Im Alpinhotel Grimsel Hospiz, mitten in der kargen Bergwelt auf 2.000 Meter über Meer. Doch die geführte Anreise gestaltet sich abenteuerlich. Da die Strasse über den Grimselpass von November bis Mai geschlossen ist, gelangt man mit dem Postauto nur bis Breitwald, wo man in eine Luftseilbahn umsteigen muss. Die Fahrt führt über eine tief verschneite, wild zerklüftete Landschaft bis zur Gerstenegg. Dort wartet ein Kleinbus der Kraftwerke Oberhasli KWO, der einen durch den Stollen zum Fuss eines Felskopfs, dem Grimsel Nollen, bringt. Hier steigt man in eine kleine Gondel, die an eine schwebende rote Telefonzelle erinnert. Der Blick während der Fahrt ist so eindrücklich, dass man das mulmige Gefühl rasch vergisst. Und dann ist man auch schon oben. Bei gutem Wetter geht man die letzten Meter durch den Schnee, bei schlechtem gelangt man durch unterirdische Gänge zum Hospiz.

Das alte Grimsel Hospiz war im Mittelalter eine Herberge für bedürftige Wanderer, die auf dem Säumerpfad über den Pass gingen. Beim Bau der Wasserkraftwerke in den 20er Jahren des letzten Jahrhunderts musste es weichen und versank 1928 im Grimselsee. Als Ersatz errichteten die Kraftwerke 1932 auf einem höher gelegenen Felskopf ein neues Gasthaus. Da thront es nun, inmitten einer atemberaubenden Bergwelt, und erinnert mit seinen dicken Mauern und den roten Fensterläden an eine Burg.

Tritt man ein, fühlt man sich sofort willkommen. Das Hotel, das von der Abwärme des Kraftwerks geheizt wird, bekam 2010 eine sanfte Renovation. Das Alte und Ehrwürdige wurde geschickt mit dem Neuen und Schlichten kombiniert. Im Cheminée prasselt ein Feuer, auf der Terrasse lädt ein Bottich mit warmem Wasser zum Bade, in der Küche schmort das Essen, und im Weinkeller warten edle Tropfen. Mehr braucht es nicht hier oben. Schliesslich will man ja zur Ruhe kommen.

Adresse Alpinhotel Grimsel Hospiz, Tel. 033/9824611, www.grimselwelt.ch | **ÖV** mit dem Zug von Thun über Interlaken nach Innertkirchen, 3 Minuten zu Fuss zur KWO | **Anfahrt** von Thun über Interlaken, Meiringen nach Innertkirchen, Parkplatz KWO beim Dorfausgang gegen Grimsel; ab KWO ist die Anreise nur geführt möglich | **Öffnungszeiten** Winterbetrieb Ende Dez.–Mitte April, jeweils Mi–So; Sommer Di–So (nur auf Anmeldung) | **Tipp** Buchen Sie eine Führung zum Wasserkraftwerk und zur Kristallgrotte. Dies ist auch im Winter möglich: www.grimselwelt.ch.

28 Das Café 3692

Ein Haus voller Geschichten

Es ist ein kleines Kunstwerk, dieses Café, weitab vom Touristenstrom. Myriam und Bruno Kaufmann haben damit 2013 ihren lang gehegten Traum verwirklicht. Und schon sein Name ist die erste Geschichte: 3.692 Meter beträgt die Höhe des Wetterhorns. Zehn Jahre lang waren die Kaufmanns Gastgeber in der Glecksteinhütte, einer SAC-Hütte, die sich auf dem Weg zum Wetterhorn befindet, fast drei Stunden Fussmarsch von Grindelwald entfernt. In dieser luftigen Höhe kam es zum Heiratsantrag, zur Hochzeit, zum Traum und schliesslich zum Namen des Cafés.

Das Lokal befindet sich im fast 400-jährigen Haus von Brunos Grossmutter, und als die Kaufmanns mit dem Neubau begannen, wollten sie die Geschichten, die darin steckten, nicht wegwerfen. So setzte Bruno, der gelernte Schreiner und Holzkünstler, neben die alten, vom Rauch geschwärzten Balken einen wellenartigen Holzhimmel, funktionierte eine Werkbank zur Theke um und stellte den knorrigen Apfelbaum, der einst vor dem Haus stand, als Kunstobjekt daneben. Von der Terrasse aus, mitten durchs Lokal, führt eine schmale Schiene zu einem Stollenwagen aus der Bauzeit der Jungfraubahn. Im Winter spendet er als Ofen wohlige Wärme, an schönen Sommerabenden schieben ihn die Kaufmanns auf die Terrasse und verwenden ihn als Grill.

Die Gäste werden mit Kaffee, hausgemachten Kuchen, Snacks und einem Mittagsmenu verwöhnt, an zwei Abenden in der Woche mit einem Nachtessen. Die Auswahl ist klein und fein, der Service ausgesprochen herzlich. Und noch eine Besonderheit: das «3692» bietet ein B&B-Zimmer an. Das Bijou mit dem Namen «Wetterhornsuite 3692» birgt ein rundes, aus Schwemmholz gefertigtes Bett mit Sternenhimmel, ein Badezimmer in Form einer Alphütte und eine Whirlpool-Badewanne. Die Holzmöbel, die im Loveroom und im Café zu sehen sind, können bei Bruno Kaufmann bestellt werden – sein Atelier befindet sich vis-à-vis des Cafés.

Adresse Terrassenweg 61, 3818 Grindelwald, Tel. 033/8531654, www.cafe3692.ch | ÖV mit dem Zug von Interlaken nach Grindelwald, mit dem Ortsbus bis Haltestelle Bodmi oder Kreuzweg, das Café befindet sich zwischen den beiden Haltestellen | Anfahrt von Interlaken nach Grindelwald, durch das ganze Dorf, links in den Terrassenweg abbiegen, Parkplätze schräg gegenüber dem Café | Öffnungszeiten Fr und Sa 9–23 Uhr, So 9–18 Uhr | Tipp Besuchen Sie Bruno Kaufmanns Atelier «Harmonie Holz» vis-à-vis des Cafés. Anmeldung erforderlich! www.harmonieholz.ch

29 Der Marmorbruch

Der Stein, der es bis ins Bundeshaus schaffte

Ist von Marmor die Rede, denkt man schnell an Italiens schneeweissen Carrara-Stein. Dass einst auch im Berner Oberland Marmor abgebaut wurde, mag erstaunen. Doch dem ist tatsächlich so, in Merligen etwa, im Rosenlauigebiet und in Grindelwald. Hier lässt sich die Stelle, wo der Stein früher abgebaut wurde, noch immer besichtigen.

Gleich hinter dem Berggasthaus Marmorbruch liegen die gerade geschnittenen, mit kleinen Schildern versehenen Steine und vermitteln einen Eindruck vom Schneiden der Blöcke. Folgt man dem kleinen Pfad zwei Minuten abwärts, gelangt man zum ehemaligen Marmorstollen, wobei es sich lohnt, auch noch einen Blick auf die andere Seite in die imposante Gletscherschlucht zu werfen. Beim Stollen angekommen, betätigt man den Lichtschalter und schreitet durch einen kleinen Tunnel, der in einer runden Höhle endet. Dass am Unteren Grindelwaldgletscher Marmor vorkommt, entdeckte man um 1730. Die Farbe und die Struktur dieses Steins trafen den Geschmack des Spätbarocks, und so ging es nicht lange, bis ein intensiver Abbau begann. Dieser dauerte allerdings nur gut 20 Jahre. 1760 fing der Untere Grindelwaldgletscher an, mit grosser Geschwindigkeit zu wachsen, und bedeckte die Abbaustelle bald einmal gänzlich. Während 100 Jahren blieb sie unter dem Eis. Als sich der Gletscher 1865 wieder zurückzog, staunte man nicht schlecht, als etliche behauene, vom Eis etwas geschliffene Marmorblöcke zum Vorschein kamen.

Marmor besteht aus Kalk und Dolomit, deren kleine Kristalle sich durch erhöhten Druck und hohe Temperatur im Erdinnern vergrössert haben. Der klassische Grindelwalder Marmor weist graue, weisse, rötliche und gelbliche Farbtöne auf. Der edle Stein hat es sogar bis ins Bundeshaus nach Bern geschafft. In dessen Wandelhalle ziert seine graue Variante den Eingang zum Nationalratssaal und seine rote den Eingang zum Büro des Ratspräsidenten.

Adresse hinter dem Berggasthaus Marmorbruch, 3818 Grindelwald | **ÖV** mit dem Ortsbus von Grindelwald Bahnhof bis Haltestelle Gletscherschlucht, circa 15 Minuten aufwärtsgehen | **Anfahrt** von Interlaken nach Grindelwald, durchs Dorf, bei der Kirche rechts abbiegen Richtung Gletscherschlucht, dann links zum Hotel Marmorbruch | **Öffnungszeiten** zugänglich nur in schneefreien Zeiten | **Tipp** Unweit des Marmorbruchs befindet sich die imposante Gletscherschlucht, über die an einer Stelle sogar ein begehbares Netz gespannt ist (www.grindelwald.ch).

30 Der Velogemel

Ein Fahrrad auf Kufen

In Grindelwald weiss jedes Kind, was ein Velogemel ist. «Gemel» bedeutet in Mundart «Schlitten», und der Velogemel ist ein Velo auf Kufen. Erfunden wurde das Gefährt, das ausser den Kufen ausschliesslich aus Holz besteht, von Christian Bühlmann. Der Grindelwalder Schnitzler war als Kind an Kinderlähmung erkrankt, deshalb gehbehindert und brauchte etwas, um sich im Winter besser fortbewegen zu können. 1911 liess er seine Erfindung als «einspurigen Lenksportschlitten» patentieren.

Bald nannten die Einheimischen das Gefährt «Velogemel», und es wurde im ganzen Dorf benutzt. Der Postbote verteilte damit Briefe und Pakete, der Arzt besuchte seine Patienten, und die Kinder fuhren zur Schule. Diese Zeiten sind längst vorbei, doch der Velogemel wird immer noch hergestellt, und viele Grindelwalder besitzen einen. Seit 1996 gibt es eine jährliche Velogemel-Weltmeisterschaft, die sich so nennen darf, weil sich durch die spontane Teilnahme von Feriengästen stets eine Liste von mehreren Nationen ergibt.

Wer einen Velogemel besichtigen möchte, kann dies im Grindelwald Museum tun. In diesem Gebäude, das einst ein Schulhaus war, sind im obersten Stock zwei Velogemel ausgestellt. Man sollte aber nicht schnurstracks dorthin eilen, nein, es lohnt sich, das Museum in Ruhe zu durchschreiten. Es ist mit viel Liebe zum Detail gestaltet und zeigt die Entwicklung von Grindelwald anhand der Themen Land- und Alpwirtschaft, Hauswirtschaft, Handwerk, Entstehung des Wintersports, Geschichte des Bergsteigens, des Eigers und der Eigernordwand. Eine besondere Attraktion sind die Modelle verschiedener Bergbahnen, die sich zum Teil sogar in Bewegung setzen lassen. Zu bestaunen sind auch alte Reliefs, Fotografien und Postkarten. Und im Hörraum «Mythos Eiger», einem verdunkelten Raum, kann man fünf ausgewählten Geschichten der dramatischen Ereignisse, die sich am Eiger abspielten, lauschen.

Adresse Grindelwald Museum, 3818 Grindelwald, Tel. 033/8534302, www.grindelwald-museum.ch | **ÖV** mit dem Zug von Interlaken nach Grindelwald, mit dem Ortsbus bis Haltestelle Kirche oder circa 15 Minuten zu Fuss | **Anfahrt** von Interlaken nach Grindelwald, durchs Dorf bis zur Kirche, Parkplatz bei der Pfingsteggbahn unterhalb des Museums | **Öffnungszeiten** Jan.–Ende März und Juni–Mitte Okt. Di–Fr, So 15–18 Uhr; Führungen und Besuche ausserhalb der Öffnungszeiten auf Anfrage! | **Tipp** Die Velogemel werden heute bei Holzkreation Schmid in Grindelwald hergestellt. Bestellungen: Tel. 033/8541070, www.holzkreation-schmid.ch.

31 Der Wetterhornaufzug

Die erste Luftseilbahn der Schweiz

Vermutlich würde sie lieber schweben, die dunkelrote Kabine mit den weiss umrahmten Fenstern und dem mächtigen Laufwerk auf dem Dach. Doch die schwebenden Zeiten sind vorbei, und sie steht am Boden neben dem Hotel Wetterhorn, zuhinterst in Grindelwald. Sie ist eine Kabine des Wetterhornaufzugs, der ersten Luftseilbahn der Schweiz. Viele Grindelwalder schüttelten den Kopf, als der deutsche Ingenieur Wilhelm Feldmann 1903 mit der Idee kam, die Leute bequem auf das 3.692 Meter hohe Wetterhorn zu bringen.

Doch die Zeit dazu war reif, und im Sommer 1908 wurde der Betrieb der ersten Etappe bis zur Zwischenstation Engi aufgenommen. Die Bahn, die man sich als eine Art Lift-Luftseilbahn vorstellen kann, legte in 8,5 Minuten eine Strecke von 420 Metern zurück und war mit zwei Zugseilen, zwei Tragseilen und zwei Bremssystemen ausgerüstet. Einen Monat nach der Eröffnung schrieb die Dorfzeitung: «Diese neueste Attraktion unserer Saison hat erfreulichen Zuspruch. Fast sämtliche Züge sind besetzt. Das anfangs herrschende Gruseln ist vollständig weggeblieben.» Leider war der Erfolg nur von kurzer Dauer. Als der Erste Weltkrieg ausbrach, blieben die Gäste aus, die Bahn geriet in finanzielle Schwierigkeiten und wurde 1915 stillgelegt. Der Betrieb wurde nie mehr aufgenommen, die weiteren Etappen nie gebaut, und 1927 erlosch die Konzession. Als ein heftiger Steinschlag die Talstation beschädigte, wurde die Bahn 1934 abgebrochen.

Das Laufwerk des Wetterhornaufzugs ist seit 1975 im Verkehrshaus Luzern ausgestellt, eine der beiden Kabinen zuhinterst in Grindelwald. Späht man in Letztere, sieht man eine fast wohnlich anmutende Einrichtung mit Holzbänken. Dreht man sich um, Richtung Grosse-Scheidegg-Strasse, erblickt man hoch oben die ehemalige Bergstation. Und ein Wetterhornaufzug im Kleinformat, der sich auf Knopfdruck bewegen lässt, ist im Museum von Grindelwald zu bestaunen.

Adresse bei der Auffahrt zur Grossen Scheidegg, gegenüber dem Hotel Wetterhorn, Obere Gletscherstrasse 159, 3818 Grindelwald | ÖV mit dem Ortsbus von Grindelwald Bahnhof bis Haltestelle Oberer Gletscher | Anfahrt von Interlaken nach Grindelwald, durch das ganze Dorf bis zum grossen Parkplatz vis-à-vis Hotel Wetterhorn | Öffnungszeiten ganzjährig | Tipp Spazieren Sie zur Ruine der Talstation des Wetterhornaufzugs. Beim Parkplatz folgen Sie dem Vitaparcours-Wegweiser, bei der Verzweigung gehen Sie links (circa 20 Minuten zu Fuss).

32 Der längste Schlittelweg

Schon Hesse ist hier zu Tale gefahren

Man muss sie sich verdienen, diese Schlittenabfahrt mit dem Namen «Big Pintenfritz». Dafür ist sie mit 15 Kilometern die längste Europas und mit Bestimmtheit eine der schönsten. Denn wenn man in die Tiefe saust, tut man dies im Angesicht von Eiger, Mönch und Jungfrau. Aber eben. Zuerst kommt der Aufstieg. Mit der Gondelbahn erreicht man die First und gelangt in etwa zwei Stunden bis zum Gassenboden, wo die Stange des Wegweisers im Schnee versunken ist. Nun gilt es, sich nochmals eine halbe Stunde anzustrengen, um das Berggasthaus Faulhorn zu erreichen, das mit 2.681 Metern über Meer einst das höchstgelegene Europas war und während des Sommers noch heute in Betrieb ist.

Und dann kommt die Belohnung: die Abfahrt! Die ersten scharfen Kurven sind mit Vorsicht zu nehmen, doch nach der Abzweigung Richtung Bussalp, beim versunkenen Wegweiser, kann man es ziehen lassen. Der Fahrtwind, das Rauschen der Kufen – ein herrliches Gefühl. Jenes Gefühl muss es gewesen sein, das Hermann Hesse, der den Wintersport liebte und ein treuer Gast in Grindelwald war, zur Feder greifen liess:

«Der Schneewind packt mich jäh von vorn, / mein Schlitten knirscht in schnellem Lauf, / gegenüber streckt sein fahles Horn der wolkenblasse Eiger auf. / Ein kühler Siegesmut erfasst mein Herz mit unbekannter Lust, / als trüg ich eine werte Last von Stolz und Glück in meiner Brust. / Was noch von Krankheit in mir schlief, ich riss es aus mit fester Hand / und warf es lachend steil und tief / hinunter ins verschneite Land.»

Der Name «Big Pintenfritz» wurde dem Schlittelweg natürlich erst nach Hesses Zeiten verpasst. Er geht auf einen Dorfwirt zurück, der die Strecke nach einer Wette eröffnet haben soll. Wem das «big» zu viel ist, der kann von der Bussalp aus mit dem Postauto nach Grindelwald gelangen. Wer aber den Big Pintenfritz schaffen will, setzt seine Fahrt mit dem Schlitten selbstverständlich fort.

Adresse Grindelwald – First – Faulhorn – Bussalp – Grindelwald, Infos: Grindelwald Tourismus, Dorfstrasse 110, 3818 Grindelwald, Tel. 033/8541212, www.grindelwald.swiss | ÖV Zug ab Interlaken nach Grindelwald, von dort aus zu Fuss (15 Minuten) oder per Ortsbus zur Talstation Firstbahn | Anfahrt ab Interlaken nach Grindelwald, Talstation Firstbahn | Öffnungszeiten Die ganze Strecke ist nur bei guten Schneeverhältnissen geöffnet! Infos zum Zustand des Schlittelwegs: www.grindelwaldbus.ch | Tipp Wärmen Sie sich im Restaurant Bussalp bei einem Käsefondue auf: www.bergrestaurant-bussalp.ch.

33_Die Käsegrotte

Wo 3.000 Laibe lagern

Da drin soll Käse lagern? In diesem winzigen Häuschen? Nun gut, es wird sich wohl um ein paar wenige Laibe handeln. Das ehemalige Wasserreservoir, das hoch über Gstaad liegt, umgeben von Wiesen und Wäldern, macht einen ziemlich unscheinbaren Eindruck. Einzig seine gelbe Fassade und der grosse Käselaib, der die Türe ziert, deuten auf sein Innenleben hin.

Doch wer die schmale, steile Treppe hinabsteigt, wird einen Moment lang überwältigt stehen bleiben. Von wegen «ein paar wenige Laibe»! Sage und schreibe 3.000 Käselaibe lagern hier, 25 Meter unter der Erde. Ein würziger Duft liegt in der Luft, ein paar Kerzen brennen, aus Lautsprechern erklingt Musik. Und wenn man, den Kopf in den Nacken gelegt, die goldenen Laibe rundum an den hohen Wänden betrachtet, hat man das Gefühl, in einer Art Kathedrale zu stehen.

Die Käsegrotte, die nur auf einer Führung zu besichtigen ist, wird von der Molkerei Gstaad betrieben. Der Käse, der hier lagert, stammt von rund 50 Produzenten aus der Region, wird ausschliesslich im Sommer auf der Alp hergestellt und hat eine Zukunft als Hobelkäse. Dieser ist eine Kostbarkeit und muss mindestens 18 Monate im Ursprungsgebiet reifen, bis er zu dünnen Scheiben gehobelt wird und man ihn mit Brot und einem Glas Wein geniessen kann. Bei jedem einzelnen Laib lässt sich zurückverfolgen, von welcher Kuh seine Milch stammt und auf welcher Alp und an welchem Tag er hergestellt wurde.

Die Produktion von Hobelkäse hat im Saanenland eine lange Tradition. Erstmals wurde sie im Jahre 1548 in einer Chronik erwähnt, aber vermutlich geht sie sogar noch weiter zurück. Apropos alter Käse: Der älteste erhaltene Alpkäse, der in der Gstaader Käsegrotte liegt, ist ganze 150 Jahre alt. Er wurde einst in einer Alphütte vergessen, ist nun zwar steinhart, aber immer noch essbar. Nicht verwunderlich, dass man vom «Gold der Alpen» spricht.

Adresse Molkerei Gstaad, Lauenenstrasse 24, 3780 Gstaad, Tel. 033/7441115, www.molkerei-gstaad.ch | ÖV mit dem Zug von Thun über Spiez, Zweisimmen nach Gstaad, mit dem Postauto 182 bis zur Haltestelle Bissenegg | Anfahrt Autobahn A 6 Richtung Spiez, Verzweigung Lattigen, über Zweisimmen nach Gstaad, beim zweiten Kreisel nach Tunnel links, Parkplätze bei der Molkerei (Wegbeschrieb zur Käsegrotte bei der Anmeldung!) | Öffnungszeiten Molkerei: Mo–Fr 6–12.15 und 14–18.30 Uhr, Sa 6–12.15 und 14–17 Uhr; Besichtigung der Käsegrotte für Gruppen ab 6 Personen. Nur auf Anmeldung (auch online Buchung möglich) | Tipp Der Hobelkäse und viele andere Sorten wie zum Beispiel das feine Gstaader Rahmli können in der Molkerei Gstaad gekauft werden.

34_Das Restaurant Eden Beach Bar & Lounge

Genuss mit Seeanstoss

Restaurants mit Seeblick gibt es einige. Solche mit direktem Seeanstoss, sodass man sogar mit einem Boot anlegen kann, sind aber selten. Eines davon ist das Restaurant Eden Beach Bar & Lounge – eine wahre Perle. Erfreulich, dass es über das ganze Jahr offen ist. Im Herbst liegen auf den Stühlen und Lounge Chairs warme Decken bereit, im Winter brennen Fackeln auf der Terrasse, und es gibt Punsch und Glühwein. Im Sommer aber sitzt man draussen und sieht zu, wie die Schwäne, die Segelboote und die Thunersee-Schiffe vorüberziehen.

Abends kann man erleben, wie die untergehende Sonne den See und die Berge allmählich in ein goldenes Licht taucht. An diesem schönen Platz war einst der Badestrand für die Gäste des Hotels Eden. Das stattliche Haus, das sich auf der anderen Strassenseite befindet, wurde im Jahre 1907 gebaut, musste den Betrieb um die Jahrtausendwende einstellen und beherbergt heute mehrere Wohnungen.

Bereits der erste Hotelbesitzer stellte sommers am kleinen Strand ein Zelt auf und lud die Gäste zu kulinarischen Abenden ein. Der Käufer, der das Hotel nach dessen Konkurs ersteigerte, liess 2006 das Eden-Beach-Häuschen errichten, das seither als Restaurant genutzt wird. Dieses verfügt heute über 30 Innenplätze und 60 auf der Terrasse.

Das Angebot ist vielfältig: Zu haben sind kalte Platten, Salate, Burger, Bratwürste, Fish n' Chips, Chicken Nuggets und frisch belegte Flammkuchen sowie eine Auswahl an Desserts. Die Pächterin legt grossen Wert auf Regionalität und Nachhaltigkeit. So stammt zum Beispiel auch das Fleisch der schottischen Hochlandrinder, das auf der Menukarte steht, aus ihrer eigenen Zucht mit naturnaher Haltung. Nebst all den kulinarischen Genüssen ist hier im Eden Beach aber das Schönste, einfach am Wasser zu sitzen und die Seele baumeln zu lassen.

Adresse Seestrasse 12, 3654 Gunten, Tel. 033/2228485, www.edenbeach-gunten.ch | **ÖV** mit dem Bus 21 ab Thun, Haltestelle Gunten, Oertlibach, circa zwei Minuten weitergehen, dann rechts | **Anfahrt** von Thun Richtung Gunten-Interlaken, das Eden Beach ist kurz nach Dorfeingang rechts, Parkplätze vor dem Haus | **Öffnungszeiten** im Sommer täglich 9–22 Uhr, im Winter 11–22 Uhr. Bei schlechtem Wetter wird eventuell früher geschlossen, in diesem Fall bitte vorher anrufen. | **Tipp** Bei der Bushaltestelle Oertlibach startet der «Kulturhistorische Rundgang Gunten» mit Infotafeln über interessante Gebäude.

35__Die Sauna im Bootshaus

Wellness im Kleinformat

Moment – ist das bloss ein schöner Traum? Nein, es ist wirklich wahr: das warme, leise sprudelnde Wasser des Whirlpools, die herrlich frische Seeluft, das Plätschern der Wellen, die ans Bootshaus schlagen, das Kreischen der Möwen, das ferne Tuten eines Schiffes, der grandiose Blick auf den See und die vom letzten Sonnenlicht beschienenen Berggipfel. Das ist Wellness im Parkhotel Gunten.

Das stattliche Hotel mit dem mediterranen Park, das direkt am Thunersee liegt, wurde im Jahre 1910 erbaut und bietet heute drei Sterne Superior und 51 komfortable Zimmer. 2010 hatten die damaligen Betreiber Anne-Lise und Philemon Zwygart die Idee, das alte Bootshaus im Hotelpark in eine Wellness-Anlage zu verwandeln. Entstanden ist eine geschmackvolle Erholungs-Oase im Kleinformat. Auf der oberen Etage befinden sich eine finnische Sauna, ein Dampfbad und eine Blütenduft-Sauna, auf der unteren der Ruheraum mit herrlicher Aussicht, ein Sonnendeck mit einem Whirlpool und – in der kalten Jahreszeit nur für Mutige! – ein direkter Seeeinstieg in Form einer schmalen Wendeltreppe.

Und auch wenn dieses Wort mittlerweile etwas abgegriffen ist, hier trifft es zu: Entschleunigung. In diesem alten Bootshaus, das gerade mal für eine Handvoll Gäste Platz bietet – deshalb nur auf Voranmeldung! –, kann man durchatmen und für einen Moment den Alltag vergessen. Und sogar wenn man die kleine Oase wieder verlässt, hält das Gefühl der Entspannung an. Denn das Bootshaus steht am Rande des prächtigen Hotelparks, in dem man bei schönem Wetter auf Sesseln und Bänken mit Blick auf See und Berge noch etwas verweilen kann. Oder man entscheidet sich für ein «Day-Spa Relax» und geniesst anschliessend an den Bootshausbesuch ein Wellness-Dreigang-Menu. Dasselbe lässt sich beliebig mit Massagen und Beauty-Behandlungen ergänzen. Ehrenwort: wirklich alles wahr, nicht nur ein schöner Traum.

Adresse Seestrasse 90, 3654 Gunten, Tel. 033/2528852, www.parkhotel-gunten.swiss | **ÖV** mit dem Bus 21 ab Thun, Haltestelle Gunten Dorf | **Anfahrt** mit dem Auto von Thun Richtung Gunten – Interlaken | **Öffnungszeiten** täglich Feb. – Dez., nur auf Voranmeldung | **Tipp** In der Nähe des Parkhotels befindet sich das Strandbad von Gunten.

36 Der Alphorn-Shop

Vom Natur- zum Bettel- zum Musikinstrument

Es gab Zeiten, da hatte das Alphorn einen schlechten Ruf. Nach Napoleons Zug durch die Schweiz war die Not so gross, dass manch ein Hirte winters bettelnd mit dem Alphorn durch die Stadt zog. Deshalb wurde das Instrument bekämpft, ja bisweilen sogar verboten. Heute ist das Alphorn ein wichtiger Teil des Schweizer Kulturguts. Im Berner Oberland kam der Umschwung 1805, am ersten Alphirtenfest auf der Unspunnenwiese bei Interlaken. Man wollte das alte Brauchtum wieder aufleben lassen und baute fünf Alphörner. Zwei davon existieren noch heute, eins befindet sich im Alphorn-Shop in Habkern. Klein und zart wirkt es neben seinen grossen Brüdern, den heutigen Standard-Alphörnern, die man zum Transport in drei Teile zerlegen kann.

Seit 2012 führt Heinz Tschiemer die Alphorn-Werkstatt und den dazugehörigen Shop. Der gelernte Landwirt, der auf Anmeldung Führungen anbietet, verwendet ausschliesslich Fichtenholz aus der Umgebung von Habkern. Einzig die Mundstücke fertigt er aus anderem Holz an, aus Olive, Nuss oder Ahorn, und zur Stabilisierung wird das Horn mit Rattan umwickelt. Um ein Alphorn herzustellen, sind 50 bis 60 Arbeitsstunden nötig. Alphörner sind gefragt, auch im Ausland, und so kommt es vor, dass Heinz Tschiemer Pakete nach Korea, Südafrika oder in die USA verschickt.

Das Alphorn ist ein uraltes Naturinstrument. Jedes Volk hatte solche, am Meer waren es Muscheln, in Australien Didgeridoos, im Alpengebiet Alphörner. Die Hirten setzten das Horn ein, um die Kühe anzulocken oder mit einer anderen Alp zu kommunizieren. Sein Klang soll eine beruhigende Wirkung auf Mensch und Tier haben. Erst in den letzten Jahrzehnten hat sich das Alphorn zum Musikinstrument entwickelt. Etliche Musikschulen bieten es als erlernbares Instrument an. Auch in Habkern kann man sich im Alphornspielen üben: Heinz Tschiemer organisiert immer wieder Kurse mit Alphornlehrern.

Adresse Bernatone Alphornbau, Heinz Tschiemer, Im Holz, 3804 Habkern, Tel. 079/8403810, www.bernatone.ch | **ÖV** mit dem Zug von Thun nach Interlaken, mit dem Postauto nach Habkern | **Anfahrt** von Thun über Interlaken nach Habkern | **Öffnungszeiten** Mo – Fr 10 – 12 und 13.30 – 17 Uhr, Sa und So sowie Werkstattbesuche auf Anfrage | **Tipp** Besuchen Sie das kleine Dorfmuseum, circa 5 Gehminuten vom Alphorn-Shop entfernt. Öffnungszeiten beachten! www.altes-schulhaus-habkern.ch

37 Die Lombachalp

Spagat zwischen Tourismus und Naturschutz

Wer das kleine Dorf Habkern passiert und dem schmalen Strässchen folgt, das sich durch einen Taleinschnitt und viele Kurven den Berg emporwindet, landet auf der Lombachalp. Und mitten in einem traumhaften Gebiet, das zwischen dem Augstmatthorn und dem Hohgant eingebettet ist. Die Lombachalp ist Teil der Moorlandschaft Habkern-Sörenberg und von Flachmooren, Bergföhren-Hochmooren, Heiden und Fichtenwäldern geprägt. Mit 86 Quadratkilometern ist die Moorlandschaft eine der grössten der Schweiz und gehört zum «Bundesinventar der Landschaften und Naturdenkmäler von nationaler Bedeutung». Unzählige Vögel leben hier, unter anderem Birkhühner, Ringamseln, Bergpieper und Zitronengirlitze.

Vielleicht empfindet man es zuerst als Wermutstropfen, dass man die Moore – ausser auf den beiden Beobachtungswegen Winterröscht und Augstmatthorn – ausschliesslich auf dem asphaltierten Strässchen begehen darf. Zu schön wäre es, wenn man durch die unberührte Landschaft streifen dürfte. Aber genau das würde sie zerstören. So hat die Gemeinde Habkern die schwierige Aufgabe, den Spagat zwischen Tourismus, Alpwirtschaft und Naturschutz zu schaffen. Das gelingt ihr gut, unter anderem mit Hilfe zweier Ranger, die zum Rechten schauen. Die beiden begrüssen die Besucher im Infozentrum beim Lägerstutz eingangs Lombachalp, geben Auskunft und machen Führungen und Kontrolltouren im Gebiet. Für Familien stehen im Restaurant Jägerstübli – auch beim Lägerstutz – Forscherkoffer bereit.

Die Wege und das Strässchen, auf denen die Ranger mehrmals pro Tag unterwegs sind, führen zu insgesamt vier Feuerstellen, die zum Verweilen einladen. Die hinterste Stelle ist die landschaftlich attraktivste und deshalb die beliebteste. Auch winters ist die Lombachalp einen Besuch wert: Dann verwandelt sich das Strässchen in eine Langlaufloipe, und auf der Augstmatthornseite gibt es einen Winterwanderweg.

Adresse Lombachalp, 3804 Habkern, Ranger: Tel. 079/4883538, Gemeinde Habkern: Tel. 033/8438210, www.lombachalp.ch | **ÖV** mit dem Zug von Thun nach Interlaken, mit dem Postauto nach Habkern, mit dem Shuttlebus auf die Lombachalp (Infos beim Sporthotel: Tel. 033/8431343 oder im SBB-Fahrplan) | **Anfahrt** von Thun über Interlaken nach Habkern, gebührenpflichtiges Parkieren auf dem Parkplatz Lägerstutz, fährt man weiter, fallen höhere Parkgebühren an (Informationen beachten!) | **Öffnungszeiten** Juni–Okt. (wandern), Mitte Dez.–Mitte März (Langlauf und Winterwanderweg) | **Tipp** Unternehmen Sie eine Wanderung auf das Augstmatthorn (steiler Aufstieg), wo Sie oft Steinböcke sehen können.

38_Das Pyrorama

Ein kleines Paradies für Feuerwehrfreunde

Die umzäunte Baracke steht unauffällig in einem Waldstück. Doch kaum öffnen sich ihre Tore, hält man staunend inne. Sorgfältig restaurierte Feuerwehrfahrzeuge reihen sich aneinander, in stiller Übereinkunft, dass man die arbeitsreichen Zeiten hinter sich hat und sich nun noch etwas bewundern lassen darf.

Und zu bewundern gibt es einiges in diesem kleinen Reich mit dem Namen Pyrorama: Tanklöschfahrzeuge, mechanische Drehleitern, Pferdewagen, Jeeps, Motorspritzen, Handdruckspritzen, Helme, Schläuche und Löscheimer. Das Museum dokumentiert die Geschichte des Feuerwehrwesens der Region und vor allem jene des Thuner Löschzugs, der 1907 gegründet wurde. Zu sehen ist ein grosser Teil der Motorfahrzeuge, die im Einsatz waren: ein stattlicher Mercedes Benz etwa, der von 1958 bis 1980 als Tanklösch-, später als Ölwehrfahrzeug gebraucht wurde, ein Haflinger Motorspritzenfahrzeug von 1970 oder – ein besonderes Bijou – ein Alarmierungs-Jeep mit Zweiklanghorn aus dem Jahre 1949.

Fast unvorstellbar ist, wie die Feuerwehr einst mit Ross und Wagen loszog. Ein Uetendorfer Pferdewagen aus dem Jahre 1906 – die Laterne mit einer Kerze versehen und die Schläuche aus Stoff – erinnert an diese Zeiten. Vier Männer mussten von Hand pumpen, das Wasser wurde mit Ledereimern in den Tank des Fahrzeugs geschöpft. Bis 1926 war die Feuerwehr auf diese Weise unterwegs, später hielten die Motorisierung und Mechanisierung Einzug.

Dies wollten aktive und ehemalige Mitglieder der Feuerwehr dokumentieren. 1994 gründeten sie das Pyrorama, den Verein alter Feuerwehrmaterialien. Mit viel Leidenschaft kümmern sich die Männer in ihrer Freizeit um das Restaurieren alter Fahrzeuge. Gern zeigen sie Besuchern auf Anmeldung ihre Schätze. Sämtliche Fahrzeuge sind noch fahrbar, und ab und zu unternimmt der Verein einen Ausflug. Selbstverständlich werden die Blaulichter dabei vorschriftsgemäss abgedeckt.

Adresse Heiligenschwendi, Kontakt über Feuerwehr Thun, Frohsinnweg 5, 3600 Thun, www.feuerwehr-thun.ch | Anfahrt Die genaue Lage des Museums wird bei der telefonischen Anmeldung bekannt gegeben. | Öffnungszeiten Ganzjährig. Die Besichtigung ist nur auf Anmeldung und mit einer Führung möglich! | Tipp Einen kleinen Spaziergang auf den Vesuv machen, dem kleinen Hügel, der sich links beim Dorfausgang von Heiligenschwendi an der Strasse nach Thun befindet.

39_Das Schloss Hünegg

Eine versteckte Schönheit am Thunersee

Das Schloss Hünegg ist das verborgenste der Thunersee-Schlösser. Thun, Spiez, Oberhofen und auch die Schadau sind kaum zu übersehen – Hünegg steht versteckt in einem Park mit hohen alten Bäumen. Doch wer den Weg zu diesem Schloss findet, wird begeistert sein.

Die pompöse Eingangshalle mit dreifarbigem Marmorboden, Stuckdecke, Säulen und Spiegel bildet den Auftakt. Das Museum, in dem sich auch ein Schlosscafé befindet, zeigt auf drei Stöcken Wohnkultur um 1900. Und so wandelt man durch komplett eingerichtete Räume aus der Zeit des Jugendstils und wäre gar nicht so erstaunt, träfe man irgendwo auf die Herrschaften. Im Speisezimmer wartet ein gedeckter Tisch, in der Küche könnte das Zubereiten eines Mahls gleich beginnen, und im Salon möchte man sich am liebsten hinsetzen. Dieser ist mit dunklem Holz ausgestattet und birgt einen Kamin, eine Sitzgruppe mit Schreibtisch und ein halb automatisches Klavier. Ja, das Leben der Herrschaften kann nicht allzu schlecht gewesen sein.

Es war Baron Albert Emil Otto von Parpart, einst preussischer Offizier, der die Besitzung bei Hilterfingen kaufte. Gemeinsam mit seiner Frau Adelheid Sophie Margaritha, geborene von Bonstetten, liess er von 1861 bis 1863 ein Schloss erbauen, das mit seinen Formen an die Renaissance-Schlösser an der Loire erinnert. Das Ehepaar benutzte das Schloss als Sommerresidenz und brachte die Kunstsammlung des Barons darin unter. Später war sein Fortbestehen mehrmals arg bedroht. Ein Neffe des Barons plante zwischenzeitlich, eine Bierbrauerei einzurichten. Als die späteren Besitzer, das Ehepaar Lemke-Schuckert, das Schloss 1937 schliesslich verkauften, sollten an seiner Stelle zweistöckige Wohnhäuser gebaut werden. Nach dem Krieg fehlte das Geld, um Dächer und Türme zu unterhalten, worauf die Idee eines Flachdachs aufkam. Ein Glück, dass nichts von alldem wahr wurde. Und so kann man die verborgene Schönheit noch heute bewundern.

Adresse Staatsstrasse 52, 3652 Hilterfingen, Tel. 033/2431982, www.schlosshuenegg.ch | **ÖV** Bus 21 ab Thun bis Haltestelle Hilterfingen Post, circa 200 Meter auf der anderen Strassenseite zurück, via Hüneggpark zum Schloss | **Anfahrt** von Thun Richtung Gunten–Interlaken, vor dem Dorfeingang Hilterfingen ist links ein Parkplatz | **Öffnungszeiten** Mitte Mai–Mitte Okt. Di–Sa 14–17 Uhr, So und Feiertage 11–17 Uhr | **Tipp** Die Hüneggkurve vis-à-vis vom Hüneggpark ist ein wunderbarer Bade- und Picknickplatz.

40 Die Kraftquelle

Das idyllische Vegi-Beizli

Man fühlt sich sofort wohl an diesem Ort. Der idyllische Garten des freistehenden Bauernhauses lädt zum Verweilen ein. Die Tische sind mit Kerzen und Laternen geschmückt und stehen unter den grossen, alten Bäumen. Der freundliche Hund dreht seine Runden, und Brigitte Strauss geht auf dem Weg in die Küche im Kräutergarten vorbei. Sie schneidet frische Minze für den Apéro, den die Gäste eben bestellt haben. Genau das ist ihr Konzept: «Die Nahrung soll den Weg vom Garten über die Küche direkt zum Gast machen.»

In der Kraftquelle gibt es keine Speisekarte. Brigitte Strauss kocht, was in ihrem Garten reif ist und was Saison hat, kombiniert mit handgemachtem Dinkel-Seitan. Im Sommer serviert sie etwa Kartoffeln, Bohnen und Salat, im Winter Sauerkaut, Dörrbohnen und auch mal ein Fondue. Wenn sie etwas nicht vorrätig hat, holt sie es beim Bauern im Nachbardorf. Brigitte Strauss lebt schon lange vegetarisch, weil sie die Erde schützen will und gegen Massentierhaltung einsteht. «Wer sich so ernährt, muss sich bewusst Zeit zum Kochen nehmen.» Und diese Zeit ist ihr wichtig. Sie fragt sich stets: Was brauchen die Menschen, die ich heute bekoche? Im Garten bewirtet sie 20 bis 30 Gäste, im Winter zwölf in ihrer gemütlichen kleinen Stube.

Der Hof ist ihr Elternhaus, hier am Fusse des Stockhorns liegen ihre Wurzeln. Vor zehn Jahren hatte sie mit ihrem damaligen Ehemann die Idee, ein Lokal zu eröffnen. Sie wünschte sich, einen Ort zu schaffen, wo die Menschen einen Platz an der Wärme, einen Teller Suppe und ein gutes Wort bekommen. Heute serviert sie Abendessen und Brunch auf Voranmeldung. Nachmittags gibt es Kaffee, Tee, selbstgemachten Kuchen und, wer es lieber salzig mag, Vegiburger mit Salat.

Brigitte Strauss ist erfüllt von ihrer Arbeit. Und bleibt bescheiden: «Ich brauche weder Sterne noch Punkte. Mir reicht es, wenn die Gäste zufrieden sind.»

Adresse Zur Kraftquelle, Brigitte Annemarie Strauss, Rain 6, 3631 Höfen, Tel. 033/3412112, www.zurkraftquelle.ch | ÖV mit dem Bus Nr. 3 von Thun nach Höfen, Haltestelle Dorf, dann circa 10 Minuten zu Fuss den Wegweisern folgen | Anfahrt von Thun via Amsoldingen nach Höfen, im Dorf links abbiegen und den Wegweisern folgen | Öffnungszeiten Do – Sa 11 – 22 Uhr, So 11 – 17 Uhr (im Winter auf Anfrage) | Tipp Im «Milchhüsli» in Oberstocken gibt es ein kleines, feines Angebot an frischen Hofprodukten. Dorfplatz, 3632 Oberstocken, www.beo-natura.ch

41 Das Bienenhaus

Eine Puppenstube fürs Volk

Den Bienen ist es vermutlich egal, wie die Fassade ihres Bienenhauses aussieht. Den Menschen, die sich um sie kümmern, aber nicht. So gibt es Varianten vom einfachen Kasten über das urchige Holzhaus bis zum verzierten Schloss, selbstverständlich alles in Miniaturform. Ein schönes Beispiel steht im Freilichtmuseum Ballenberg. Mit seinem schmucken Ziegeldach, den Dachkanten mit Sägezahnmuster und gelb gestrichenen Schindeln mutet es an wie eine Puppenstube. Die Fluglöcher für die Bienen haben die Form von aufgemalten Fenstern mit Vorhängen, und man sieht, dass da jemand mit viel Liebe zum Detail am Werk war.

Das Bienenhaus gehörte viele Jahre dem Magaziner Karl Krebs aus Gwatt bei Thun. Als er einmal als Dank für seine Gastfreundschaft ein Auto geschenkt bekam, tauschte er es gegen dieses antike Bienenhaus um. Mit einem Auto konnte er nichts anfangen, mit einem Bienenhaus schon: Er war ein leidenschaftlicher Imker. Karl Krebs stellte das Bienenhaus, das um etwa 1900 für einen Bauernhof gebaut worden war, neben sein Wohnhaus und frönte der Imkerei bis zu seinem Tod im Jahre 1982. Das Bienenhaus fand danach keine Verwendung mehr und kam ins Freilichtmuseum.

Und damit sind wir beim Konzept dieses 1978 gegründeten Museums. Wenn alte, erhaltenswerte Häuser modernen Bauten oder Strassen weichen müssen, werden sie nicht abgerissen, sondern Stein für Stein und Balken für Balken abgebaut und auf dem Ballenberg wieder aufgebaut. Heute sind es über 100 Häuser, die hier ausgestellt sind – Bauernhäuser etwa, Ställe, Waschhäuser und Kornspeicher –, eingeteilt in geografische Regionen der Schweiz. Die Häuser können zum grossen Teil auch von innen besichtigt werden, und vielerorts besteht die Möglichkeit, einem Handwerk wie Flechten, Weben oder Töpfern beizuwohnen. Das Museum ist mit 66 Hektar sehr weitläufig, und man tut gut daran, genügend Zeit einzuberechnen.

Adresse Freilichtmuseum Ballenberg, Museumsstrasse 100, 3858 Hofstetten bei Brienz, Tel. 033/9521030, www.ballenberg.ch | ÖV mit dem Zug von Thun über Interlaken nach Brienz, mit dem Bus nach Hofstetten bei Brienz, Haltestelle Ballenberg West | Anfahrt von Thun über Interlaken nach Brienz (Ausfahrt), vor Brienz rechts abbiegen (Wegweiser Ballenberg West) | Öffnungszeiten Mitte April – Ende Okt. täglich 10 – 17 Uhr | Tipp Was man sich auf dem Ballenberg unbedingt anschauen sollte: das Coiffeurmuseum im Weinbauernhaus Richterswil (Nr. 611) – ein Bijou!

42 Die Gartenbauschule

Das Werk von drei Pionierinnen

Es ist irgendwie ein besonderer Moment, wenn man diese Gärtnerei betritt. Ob es an dem verwunschenen Garten hinter der langen Mauer liegt? Daran, dass hier einst der Gutsbetrieb eines Schlosses war? Oder daran, dass drei Pionierinnen diese Institution ins Leben gerufen haben? Vielleicht ist es die Besonderheit all dieser Geschichten, die einen an der Pforte zur Gartenbauschule empfängt. Am besten hält man einen Moment inne und lässt den Blick über den schönen Hof schweifen. Gartenfreunde können sich hier mit biologisch-dynamischen Blumen, Sträussen, Kräutern und Stauden eindecken. Im Selbstbedienungs-Bioladen gibt es neben frischem Gemüse weitere Lebensmittel in Demeter-Qualität.

Das Gebäude auf der linken Seite des Hofes wurde um 1835 als Dependance des nahen Landsitzes «La Chartreuse» gebaut. Als um die Jahrhundertwende ein Schloss entstand, wurde die heutige Gartenbauschule zum Gutsbetrieb. Das Schloss stand bereits ab 1910 leer, wurde in den 40er Jahren gesprengt und in den 60er Jahren vollständig abgebrochen. Der Gutsbetrieb aber blieb und wurde zu einer Gärtnerinnenschule.

Die Geschichte dieser Schule schrieben drei Frauen. Hedwig Müller, die Schwester der Jugendbuchautorin Elisabeth Müller, gründete die Gärtnerinnenschule 1934. Ein Jahr später kamen Gertrud Neuenschwander und Ruth Pfisterer dazu. Sie alle waren Schülerinnen der Gartenbauschule Niederlenz im Aargau gewesen. In einer Zeit, in der erstmals Kunstdünger verwendet wurde, trafen sie Ehrenfried Pfeiffer, einen Mitarbeiter von Rudolf Steiner, und lernten den biologisch-dynamischen Gartenbau kennen. Sie beschlossen, das wertvolle Wissen an junge Frauen weiterzugeben. Bis 1993 wurden ausschliesslich Gärtnerinnen ausgebildet. Heute nimmt die Schule auch Männer auf und ist die einzige biologisch-dynamische Gartenbauschule der Schweiz.

Adresse Chartreusestrasse 7, 3626 Hünibach, Tel. 033/2441020, www.gsh.ch | **ÖV** von Thun mit dem Bus 21 bis Haltestelle Hünibach, Chartreuse, über die Kreuzung und 200 Meter die Chartreusestrasse hinauf | **Anfahrt** von Thun Richtung Gunten bis Hünibach, bei der grossen Kreuzung links, nach 200 Metern links parken | **Öffnungszeiten** Die aktuellen Öffnungszeiten sind auf der Website zu finden. | **Tipp** Etwas oberhalb der Gartenbauschule befindet sich der Eingang zur eindrücklichen Cholerenschlucht, die Hünibach mit Heiligenschwendi verbindet.

43 Der alte Apfelbaum

Ein gestürzter Riese

Eine Windböe brachte ihn zu Fall. Als im August 2016 eines Nachts ein stürmischer Regen über Interlaken zog, verlor der Baum einen seiner grossen Kronenteile und kippte ostwärts. Seither ist sein Stamm zur Seite geneigt und wird durch Stützen gehalten. Der Baum war sowieso nicht mehr bei Kräften, ein aggressiver Pilz hatte ihn befallen, und der Wind gab ihm den Rest. Jeder andere würde vermutlich gefällt und wegtransportiert. Doch dieser Apfelbaum darf bleiben. Seit etwa 150 Jahren steht er neben der Schlosskirche und ist sowohl einer der ältesten wie auch einer der dicksten Apfelbäume der Schweiz. Die Äste, die von seinem sehnig anmutenden Stamm aus wachsen, bilden eine Krone mit einem Durchmesser von 17 Metern.

Als der Baschiapfelbaum um 1870 gepflanzt wurde, hatte die Schlosskirche schon eine lange Geschichte hinter sich. Bis 1528 war hier ein grosses Chorherrenstift des Oberländer Adels, bekannt als Kloster Interlaken, das um 1133 gegründet worden war. Bald einmal wurde dem Augustinerstift ein Frauenkonvent angegliedert, 1484 aber wieder geschlossen. Nach der Reformation ging das Kloster an den Staat Bern über, wurde zu einem Spital und schliesslich zu einem Schloss umgebaut. Heute werden seine Räume durch die kantonale Verwaltung genutzt.

Das Amt für Grundstücke und Gebäude entschied, den alten Apfelbaum stehen zu lassen. Von der Umweltorganisation WWF Bern wurde er in Absprache mit dem Kanton zu einem Biotopbaum erklärt und soll fortan als Totholzskulptur geschützt und erhalten werden. Erfreulich, dass dem alten Riesen dieser Respekt zukommt. Denn auch wenn von seiner einstigen Schönheit nicht mehr so viel zu sehen ist, strahlt er Würde aus. Man nimmt sie wahr, wenn man ihn an diesem Ort, abseits der Touristenströme, betrachtet. Und der Apfelbaum hat auch jetzt noch eine Aufgabe: Er bietet Insekten, Vögeln und anderen kleinen Tieren wertvollen Lebensraum.

Adresse Rasen zwischen der katholischen und der reformierten Kirche, Schloss 7, 3800 Interlaken | **ÖV** mit dem Zug von Thun bis Interlaken Ost, zu Fuss auf dem Höheweg, vor dem Hotel Interlaken links zu den Kirchen abbiegen | **Anfahrt** von Thun nach Interlaken Ost, Parkplätze an der Schlossstrasse | **Öffnungszeiten** Immer! Solange es ihn noch gibt … | **Tipp** Ganz in der Nähe, gleich neben dem Hotel Interlaken am Höheweg, befindet sich ein japanischer Garten.

44 Die Haarige Kuh Brauerei

Wo zwei Schotten ihre Liebe zum Bier pflegen

Ein «Ale» brauen und es «Haarige Kuh» nennen? So etwas kann eigentlich nur zwei Schotten einfallen. Denn erstens trinken sie gern Ale, also obergäriges Bier, und zweitens weiden auf den Wiesen ihrer Heimat zottige Hochlandrinder. Die beiden Schotten heissen Andy Taylor und Glynn Gillies und gingen einst in Edinburgh zusammen zur Schule. 1995 zog Andy nach Grindelwald und begann, als Koch zu arbeiten, 14 Jahre später beschloss auch Glynn, sich in der Schweiz niederzulassen. Es gefiel ihnen von Anfang an prächtig, doch etwas vermissten sie: das kräftige Ale. «Hier gab es meistens nur das geschmacklich sehr leichte Lagerbier», sagt Andy. «Das bot wenig Vielfalt.» Warum also nicht selbst Bier herstellen?

Gesagt, getan. In einem Topf in Andys Grindelwalder Küche brauten sie ihr erstes Bier. Die Freunde, die in seinen Genuss kamen, waren begeistert. Angetrieben von diesem Erfolg fuhren sie fort. 2015 bezogen sie drei Räume in der Gewerbezone von Interlaken Ost, stellten einen Maischebottich und Stahlfässer auf und brauten in grösserem Stil. Nun brauchte das Bier einen Namen: Etwas Schottisches musste es sein, und am liebsten ein Tier. Andy, ein begabter Zeichner, begann zu skizzieren und brachte eine Kuh mit Bierkrug-Kopf aufs Papier. Man mag die «Haarige Kuh» auf Anhieb.

Heute brauen Andy und Glynn jede Woche 2.000 Liter Bier. Die sechs Hauptbiere «Four C's Ipa», «Kama Citra», «Two Jock's», «Black Rock», «Motley Brü» und «Platform 9» haben bereits den Weg in trendige Bars gefunden. Doch die beiden Schotten lehnen sich nicht zurück. Ständig sind sie am Tüfteln und stellen Testbiere mit verschiedenen Geschmacksnoten her, mit Zitronengras etwa, Pfeffer, Ingwer, Wacholder, Thymian und Chili. Andy und Glynn zeigen ihr Reich gern. Auch das Degustieren und Kaufen des Bieres ist möglich. Da die Brauerei keine fixen Öffnungszeiten hat, sollte man vorher anrufen.

Adresse Haarige Kuh Brauerei, Kammistrasse 11, 3800 Interlaken, Tel. 079/6194002 (Andy) und Tel. 076/7053875 (Glynn), www.haarigekuhbrauerei.ch | ÖV mit dem Zug von Thun bis Interlaken Ost, circa 10 Minuten zu Fuss, die Brauerei ist im Gewerbegebiet hinter dem Bahnhof | Anfahrt von Thun nach Interlaken, vor dem Bahnhof Interlaken Ost links in die Kammistrasse einbiegen | Öffnungszeiten Do 9.30–11.30 Uhr, Fr 9.30–11.30 und 14–16 Uhr oder auf Anmeldung | Tipp Wenn man vom Bahnhof Interlaken Ost aus die Aarebrücke überquert, gelangt man zur Drahtseilbahn, die auf den Harder Kulm fährt.

45__Die Yash-Chopra-Statue

Bollywood lässt grüssen

Ein bisschen nachdenklich sieht er aus, der Herr, der sich auf seine Filmkamera stützt. Vielleicht, weil der Rasen zu seinen Füssen schon braun getreten ist? Nein, im Gegenteil, das dürfte ihn sogar freuen. Denn es zeugt von seiner Beliebtheit: Für die indischen Touristen ist ein Selfie mit diesem Mann ein Muss auf ihrer Reise durchs Berner Oberland. Der Herr ist der berühmte Bollywood-Regisseur Yash Chopra. Der 2012 verstorbene indische «König der Romanzen» wurde zum «Ambassador von Interlaken» ernannt und erhielt im Mai 2016 im Park des Kursaals eine Statue.

«Warum denn das?», wird man sich fragen. Weil Interlaken diesem Mann einiges zu verdanken hat. Zehn seiner üppigen Liebesgeschichten wurden in der Gegend und auf dem Jungfraujoch verfilmt. Damit trug er in seiner Heimat massgeblich zur Bekanntheit des Berner Oberlands bei. Für viele Inder boten die Chopra-Filme den Zugang zu einer ihnen fremden Welt und lösten grosse Sehnsucht aus. Noch heute reisen Gäste an, um die Drehorte zu besuchen und zum ersten Mal Schnee zu berühren.

Yash Chopra wurde 1932 in Indien geboren und fand mit Hilfe seines älteren Bruders den Weg in die Filmindustrie. Er gründete sein eigenes Unternehmen «Yash Raj Films» und machte sich bald einen Namen mit dem sogenannten «Storytelling». Dabei durchlebten seine gut aussehenden Helden und Heldinnen singend und tanzend, in farbenfrohen Kleidern und vor traumhaften Kulissen, schmalzige Romanzen. Einige von Chopras Filmen wurden zu wahren Kassenschlagern – in einem davon tanzt eine Schauspielerin hingebungsvoll im Schnee auf dem Jungfraujoch. Der Bollywood-Regisseur wurde auch in Indien geehrt: Das Original der Statue steht bei den Chopra-Filmstudios in Mumbai. Dank einer Spende seiner Familie und der Unterstützung der Jungfraubahnen und Interlaken Tourismus konnte für die Schweiz eine Kopie angefertigt werden.

Adresse im Kursaal-Park, 3800 Interlaken | **ÖV** mit dem Zug von Thun bis Interlaken West, circa 10 Minuten zu Fuss durch den Höheweg, dann links | **Anfahrt** von Thun nach Interlaken West, zum Parkplatz an der Strandbadstrasse, circa 5 Minuten zu Fuss | **Öffnungszeiten** ganzjährig | **Tipp** Wenn man Richtung Kursaal schaut, kann man oben am Berg das berühmte Felsengesicht des Hardermannlis erkennen.

46_Die kleine Luftseilbahn

Eine Kabine für acht Personen oder eine Kuh

«Oben drücken Sie den Knopf, schieben die Tür auf, steigen aus und schliessen die Tür wieder», sagt der Maschinist an der Talstation Isenfluh. Alles klar. Das ist die LIS, die Luftseilbahn Isenfluh-Sulwald, deren Kabine Platz für acht Personen oder eine Kuh bietet. Und Letzteres ist kein Witz: Winters kommt es manchmal vor, dass eine Kuh zu Tale gondelt. Für die Kuh ist das allerdings kein Grund zur Freude, denn ihre Reise geht meist zum Metzger. Doch nun schwebt die kleine rote Kabine aufwärts, eine steile Felswand empor, über eine Weide, und erreicht nach vier Minuten Fahrtzeit und 436 Höhenmetern die Bergstation Sulwald.

Dass es diese Bahn überhaupt gibt, ist den ehrenamtlichen Mitarbeitern zu verdanken, die seit Jahren mit viel Herzblut im Einsatz sind. Innerhalb von kurzer Zeit wurden eine Genossenschaft gegründet, Bewilligungen eingeholt und finanzielle Mittel beschafft, sodass das Projekt LIS 1975 verwirklicht werden konnte. Nach 36 Betriebsjahren musste man die alten Kabinen ersetzen. An den Platzverhältnissen hat sich nichts geändert, nur die Türen lassen sich einfacher schliessen. Da sind unter anderem auch die drei Bauernfamilien, die in Sulwald leben, froh. Sie besitzen einen Schlüssel, sodass sie die Bahn bei Bedarf auch ausserhalb der Betriebszeiten benutzen können.

In Sulwald geniesst man beste Sicht auf die Schynige Platte, das Schilthorn und auf Eiger, Mönch und Jungfrau. Von der Bergstation aus lässt es sich herrlich wandern oder mit gemieteten Monstertrottis – winters mit Schlitten – nach Isenfluh gelangen.

Isenfluh, dieses 70-Seelen-Dorf hoch über Lauterbrunnen, ist mit seinen vom Wetter dunkel gefärbten Holzhäusern sehr schmuck. Und die Anreise ein Erlebnis. Die schmale Strasse führt durch einen 1,2 Kilometer langen Kehrtunnel, der entstanden ist, nachdem die alte Strasse bei einem Unwetter im Jahre 1987 fortgerissen wurde.

Adresse Luftseilbahn Isenfluh-Sulwald, 3822 Isenfluh, Tel. 033/8552249, www.isenfluh.ch | **ÖV** mit dem Zug von Interlaken nach Lauterbrunnen, von dort aus mit dem Postauto bis Isenfluh | **Anfahrt** ab Interlaken Richtung Lauterbrunnen, Abzweigung nach Isenfluh; ein Parkplatz anfangs, einer am Ende des Dorfes | **Öffnungszeiten** täglich 7–18.15 Uhr | **Tipp** Ein Spaziergang (circa 15 Minuten) führt von der Bergstation Sulwald zu einem schönen Aussichtspunkt (Wanderwegweiser).

47__Der Whisky im Eis

Auf 3.454 Metern über Meer reift Hochprozentiges

Die drei Fässer stehen in einer Nische des langen Eisgangs. Touristen, mit dem Drang, ihre Anwesenheit zu verewigen, haben Botschaften daraufgekritzelt. Ob sie auch gelesen haben, warum die Fässer hier stehen? Vermutlich nicht, denn die meisten haben es ziemlich eilig. Täglich strömen sie zu Tausenden auf das Jungfraujoch, um ohne Anstrengung die atemberaubende hochalpine Welt zu betreten.

Doch zurück zu den Fässern. Sie weisen darauf hin, dass hier, auf 3.454 Metern über Meer, Hochprozentiges lagert, nämlich Whisky der Interlakner Firma Rugenbräu. Ursprünglich wurde dort ausschliesslich Bier gebraut. Da die Herstellung von Whisky teilweise ähnlich verläuft, beschloss man, auch dieses edle Getränk zu produzieren. Und irgendwann entstand die Idee, den Whisky in einer Eisgrotte auf dem Jungfraujoch ausreifen zu lassen. Man stellte fest, dass sich der Reifungsprozess im veränderten Luftdruck und bei konstant minus vier Grad verlangsamt. Der Whisky wird aber umso kräftiger. Abgefüllt wird er naturbelassen und unfiltriert.

Drei Fässer sind im langen Eisgang zu besichtigen. Sechs Fässer mit dem edlen Tropfen lagern in einer Grotte, die den Besuchern nicht zugänglich ist. Spaziert man durch den Eispalast mit den eindrücklichen Eisskulpturen, ist man aber ganz nah dran, und im Shop kann man den Whisky kaufen.

Der kalte Palast befindet sich mitten im Jungfraufirn. Es war in den 1930er Jahren, als zwei Bergführer begannen, von Hand eine mächtige Halle aus dem Gletscher zu schneiden. Mit Pickeln und Sägen schufen sie eine 1.000 Quadratmeter grosse Fläche. Um den Eispalast zu erhalten, muss er heute künstlich auf minus drei Grad gekühlt und sein Gewölbe regelmässig nachgehauen werden. Den Whisky mit dem Namen «Swiss Mountain Single Malt Whisky Ice Label» stört das nicht – er reift während mehreren Jahren gemütlich vor sich hin.

Adresse Jungfraujoch, Tel. 033/8287233 (Rail Info Interlaken), www.jungfrau.ch; Whisky-Kauf auch bei Rugenbräu möglich, Wagnerenstrasse 40, 3800 Interlaken, Tel. 033/8264646, www.rugen-distillery.ch | **ÖV** mit der Bahn ab Interlaken über Wengen via die Kleine Scheidegg oder über Grindelwald mit der V-Bahn via Eigergletscher aufs Jungfraujoch | **Anfahrt** von Thun über Interlaken nach Lauterbrunnen oder nach Grindelwald, danach weiter wie bei ÖV beschrieben | **Öffnungszeiten** 365 Tage im Jahr | **Tipp** Wer sich für die Herstellung von Bier und Whisky interessiert, kann in der Firma Rugenbräu Interlaken eine Führung buchen. www.rugenbraeu.ch

48 Die Liebeslaube

Übernachten im Mini-Chalet

Es ist fast eine zu schöne Vorstellung: in einem winzigen Chalet übernachten, das man ganz für sich allein hat. Ein unerfüllbarer Traum? Nein! In Kandersteg ist es möglich. Das Häuschen im Chaletstil heisst Liebeslaube und steht direkt neben dem historischen Landgasthof Ruedihus.

Die Hotelierfamilie Maeder liess das winzige Haus aus Altholz zusammenbauen, es ist also eine Art Recyclingwerk. Eine kleine, mit Geranien geschmückte Laube lädt zum Draussensitzen ein, doch hat man erst einmal die Einrichtung gesehen, bleibt man verzückt in der Stube. Diese ist gleichzeitig Schlafzimmer und hat einen offenen Durchgang zum Badezimmer, wo eine Wanne mit Löwenfüssen lockt. Alles ist hier so liebevoll eingerichtet – mit hellblauem Himmelbett und antiker Sitzgruppe –, dass man das Häuschen gar nicht mehr verlassen möchte.

Die Liebeslaube kann – sofern sie nicht besetzt ist – auf Anfrage besichtigt werden. Auch im Landgasthof Ruedihus hält man es so: Man darf das historische Haus begehen und überall dort, wo die Türen offen stehen, hineinschauen. Das lohnt sich, denn das 1753 erbaute Haus hat viel Charme. Es gilt als Spitzenleistung der Zimmermannskunst im 18. Jahrhundert, hat bemalte Türen und Fenster mit Butzenscheiben und diente einst als Wohnhaus, Gasthof und Maultier-Wechselstation für Gemmi-Reisende.

Als Rudolf Reichen das Haus im Jahre 1850 kaufte, entstand im Volksmund «ds rich Ruedi», was dem Haus zu seinem heutigen Namen verhalf. 1908 brannte der hintere Teil nieder. Nach dessen Wiederaufbau wurde im Gebäude eine Schule für die Kinder der italienischen Arbeiter eröffnet, die den Lötschbergtunnel bauten. 1990 erwarb Familie Maeder, die auch das nahe gelegene Hotel Doldenhorn führt, das Ruedihus. Will man das geschichtsträchtige Haus auf sich wirken lassen, setzt man sich am besten bei Speis und Trank in die Gaststube oder in den lauschigen Garten.

Adresse Landgasthof Ruedihus, 3718 Kandersteg, Tel. 033/6758181, www.doldenhorn-ruedihus.ch | ÖV mit dem Zug von Thun über Spiez nach Kandersteg, mit dem Ortsbus 241 bis Haltestelle Ruedihus oder circa 20 Minuten zu Fuss | Anfahrt von Thun über Spiez nach Kandersteg, durchs Dorf Richtung Sunnbüel, rechts abbiegen zum Ruedihus | Öffnungszeiten ganzjährig | Tipp Zehn bis 15 Gehminuten taleinwärts befindet sich die Talstation der Luftseilbahn Sunnbüel. Vom Sunnbüel aus kann man über den Gemmipass bis ins Leukerbad (VS) wandern.

49 Der Lötschberg-Gedenkstein

Erinnerung an den Tunneleinsturz von 1908

Der Gedenkstein ist nicht zu übersehen. Er thront mitten auf dem kleinen Friedhof und erzählt von einer Tragödie beim Bau des Lötschbergtunnels. Manchmal stehen ein paar Kerzen und Blumen da, ein Zeichen, dass Menschen sich noch an das Unglück erinnern. Es ereignete sich in den frühen Morgenstunden des 24. Juli 1908. Der Tunnelbau war seit knapp zwei Jahren im Gang, und die italienischen Arbeiter zündeten bei Kilometer 2,675 eine Sprengung. Plötzlich schossen Schlamm und Geröll aus dem darüberliegenden Gasterntal in den Stollen. Die 25 Männer und ihre für den Materialtransport eingesetzten Pferde wurden begraben. Einen einzigen Toten fand man und setzte ihn auf dem Friedhof in Kandersteg bei. Mehrmals versuchte man, zu den restlichen Verschütteten vorzudringen, doch vergeblich. Schliesslich wurde der Stollen mit den 24 toten Arbeitern zugemauert, und ihre Namen wurden auf einen Gedenkstein gesetzt.

Von den vielen hundert anderen Arbeitern, die den 14,6 Kilometer langen Tunnel bauten, der das bernische Kandersteg mit dem Walliser Goppenstein verbindet, blieben keine Spuren. Die meisten von ihnen waren Italiener und zogen, oftmals von ihren Familien begleitet, von einer Baustelle zur nächsten, um für wenig Lohn zu schuften.

Während des Lötschbergtunnelbaus von 1906 bis 1913 lebten zeitweise etwa 3.000 italienische Staatsangehörige in Kandersteg, dem Ort, der um 1900 gerade mal 445 Einheimische hatte. Das Dorf vergrösserte seine Schule und nahm auch italienische Kinder auf. Die meisten von ihnen besuchten aber die von Nonnen geführte private «Italienerschule».

Das Unglück von 1908 hatte Folgen für den Weiterbau des Lötschbergtunnels. Weil das Gasterntal viel tiefer als angenommen mit Schutt aufgefüllt war, musste dem Tunnel ein Bogen verpasst werden. Deshalb ist er nun um rund 800 Meter länger als ursprünglich geplant.

Adresse Friedhof hinter der reformierten Kirche, Feldweg, 3718 Kandersteg | **ÖV** mit dem Zug von Thun über Spiez nach Kandersteg, circa 10 Minuten zu Fuss | **Anfahrt** von Thun über Spiez nach Kandersteg, circa 50 Meter nach der reformierten Kirche links in den Feldweg einbiegen | **Öffnungszeiten** ganzjährig | **Tipp** Am Bahnhof von Kandersteg steht die restaurierte Nassdampf-Tenderlokomotive Simplon Nr. 1, die beim Bau des Lötschbergtunnels im Einsatz war.

50 Der Höwchrume

Die Geschichte des Wildheuens

Über dem Kopf ein Dach aus Felsen, vor den Augen das imposante Bergpanorama, zu den Füssen der gletscherblaue Oeschinensee. Der Aussichtspunkt mit den zwei Sitzbänken auf dem Weg zum Hohtürli lässt die Wanderer innehalten. Es lohnt sich, einen Blick in die Ecke des Felsvorsprungs zu werfen, dorthin, wo in einem Behälter aus Holzlatten im Spätsommer Heu lagert. Eine kleine Tafel macht auf die Geschichte des Wildheuens aufmerksam. Früher mähten die Bauern das Gras an steilen Hängen mit der Sense, liessen es trocknen und trugen die Heubürden zu einem Höwchrume. In diesem Behälter, der sich unter einem Felsvorsprung – einer Balm – befand, konnten sie das Heu aufbewahren.

Im Winter stiegen die Bauern mit Schlitten empor, überquerten den gefrorenen See und erklommen den Hang zur Balm. Dort luden sie das Heu in Netze, banden diese aneinander, liessen sie zum See hinuntersausen und hievten sie auf die Schlitten. So konnten sie die schweren Heubürden einfacher zu Tale bringen als im Sommer. Bis in dic 1950er Jahre wurde am Oeschinensee auf diese Weise Wildheu transportiert. Danach verwitterten die Höwchrume, und die Touristen, die deren Bedeutung nicht kannten, gebrauchten das Holz an den Feuerstellen.

Schade, fanden die Kandersteger Albert Klopfenstein, ehemaliger Gemeindekassier, und Hans Grossen, ehemaliger Pösteler. Sie hatten das Wildheuen als Kinder miterlebt, und es lag ihnen am Herzen, dass die alte Tradition nicht in Vergessenheit geriet. Im Herbst 2010 beschlossen sie, einen neuen Höwchrume zu bauen, schnitten Latten zu, fuhren mit Helfern zum Oeschinensee und trugen das Holz bis zur Balm. Dort zimmerten sie es zusammen, mähten nach alter Sitte und füllten Heu ein. Im Frühling staunten sie nicht schlecht: Der Chrume war leer – die Steinböcke hatten sich winters am Heu erfreut. So kam es, dass der neue Höwchrume fortan gleich zwei gute Zwecke erfüllte.

Adresse auf dem Wanderweg vom Oeschinensee zum Hohtürli, Auskunft beim Berghotel Oeschinensee, Tel. 033/6751119, www.oeschinensee.ch | **ÖV** mit dem Zug nach Kandersteg, mit der Gondelbahn zum Oeschinensee, 20 Minuten zu Fuss zum Oeschinensee (oder fahren Sie mit dem Elektro-Shuttle, ab 11.30 Uhr alle 30 Minuten), von dort aus 30–40 Minuten Aufstieg Richtung Hohtürli | **Anfahrt** von Thun über Spiez nach Kandersteg, links zur Talstation der Gondelbahn Oeschinensee, dann wie beim ÖV beschrieben | **Öffnungszeiten** während der Sommersaison | **Tipp** Im Berghotel Oeschinensee gibt es auf Bestellung Grillkörbe mit Köstlichkeiten aus der Region. www.berghotel-oeschinensee.ch

51 Die steilste Postautostrecke

Hier ist die Fahrt das Ziel

Plötzlich schwirren einem Sätze wie «Wenn das nur gut geht!» oder «Hoffentlich funktionieren die Bremsen!» durch den Kopf. Die Strasse, die das kleine Postauto in engen Kurven erklimmt, wird immer steiler. Auf dem letzten Abschnitt, kurz vor der Griesalp, weist sie 28 Prozent Steigung auf, was sie zur steilsten Postautostrecke Europas macht. Doch keine Bange, die Chauffeure, die hier unterwegs sind, haben viel Erfahrung: Nach jeder Winterpause absolvieren sie Trainingsfahrten. Das lässt einen die bangen Sätze vergessen, und so geniesst man die Reise und blickt fasziniert auf die schmale Strasse, die sich in engen Kurven emporwindet, auf die mächtigen Felsen und das tosende Wasser.

Der letzte Streckenabschnitt ist zwar der spektakulärste, doch auch vorher hat die Fahrt durch das Kiental einiges zu bieten. Man passiert das Hotel Bären, wo Lenin 1916 an einer Geheimkonferenz teilnahm, und den Tschingelsee, der 1972 durch ein heftiges Unwetter mit Erdrutsch zu einem idyllischen Bergsee wurde. Mit den Jahren füllte er sich mit Geschiebe, und so mäandert der Fluss Kiene heute durch eine Wüste aus Kies, was dem Tal einen besonderen Anstrich gibt. Beim Hexenkessel, einem Felstrichter mit tosendem Bergbach, wacht eine Hexe aus Holz, und der Dündenfall ergiesst sich über einen breiten Felsen. Einige der Chauffeure weisen während der Fahrt auf all diese Besonderheiten hin.

Das erste Postauto fuhr 1930 von Reichenbach ins Kiental. Der Auftakt fand unter Polizeischutz statt, da die Kutscher mit Blockaden und Schlägereien drohten. Sie hatten den Betrieb vorher mit Pferdewagen aufrechterhalten und wehrten sich gegen die neuzeitliche Erscheinung. Ein Jahr später wurde die Strecke bis zur Griesalp verlängert. Letztere ist noch heute Ausgangspunkt für Wanderungen und bietet Unterkunft in den «Griesalp Hotels» mit insgesamt 40 Zimmern.

Adresse Reichenbach – Kiental – Griesalp, Tel. 0848/100222, www.postauto.ch | ÖV mit dem Zug von Thun über Spiez nach Reichenbach, Postauto ab Bahnhof | Anfahrt von Thun über Spiez und Frutigen nach Reichenbach | Öffnungszeiten Circa Ende Mai – Mitte Okt. Die Postautofahrt von Reichenbach auf die Griesalp dauert 45 Minuten. | Tipp In 10 Gehminuten ab Griesalp (abwärts) erreicht man das historische Hotel Waldrand-Pochtenalp. www.nostalgiehotel.ch

52 Der Skulpturenweg

Kunst mit herrlicher Aussicht

Oho, wen haben wir denn da? Ein kauziger Geselle mit einem grossen Tonkopf und drahtigen Haaren, die ihm in alle Richtungen abstehen, thront neben dem Weg. Seine Schöpferin Uschi Heim, die 35 Jahre ein Coiffeurgeschäft im Dorf führte und ihm die Haarpracht verpasste, gab ihm den Namen «Strubelpeter». Er ist eines der fünfzehn Kunstobjekte, die den 1,3 Kilometer langen Skulpturenweg in Krattigen zieren.

Es war 2011, als die Glasbläserin und damalige Präsidentin von Krattigen Tourismus Kathrin Chappatte erstmals den Vorschlag machte, einen Weg mit Kunstwerken zu gestalten. Als ein paar Jahre später auch der Fotograf Daniel Lanz dazustiess, kam das Projekt in Gang. Drei Mal «K» war das Motto: Krattigen, Kunst und Kultur. Das hübsche Dorf hoch über dem Thunersee war bis dahin nicht unbedingt ein touristisches Schwergewicht. Deshalb, so fand man, könnte ein solcher Weg eine Bereicherung für das 1.100-Seelen-Dorf sein. Krattigen Tourismus nahm die Planung eines Spazierweges mit Kunstobjekten in Angriff. Bald einmal wurden Grundeigentümer kontaktiert und Künstler und Vereine aus der Region angefragt. 2016 konnten die Krattiger ihren Skulpturenweg einweihen.

Gestartet wird der Rundgang beim Dorfplatz, von wo aus ein schmales Strässchen, die Risegasse, bis oben an den Ortsrand führt. Das kleine grüne Schild mit dem «K» weist den Weg bis zur Abzweigung auf den Wanderweg, wo ein herrlicher Ausblick und das erste Kunstobjekt, ein blecherner Mann mit Hut, warten.

Die künstlerische Vielfalt auf dem Weg reicht von der Metallskulptur über den Bilderrahmen, die Waldfee bis zum Kulturgaul. Letzterer ist der Beitrag des Turnvereins. Als ein altes Turngerät, ein sogenanntes Pauschenpferd, ausrangiert werden sollte, kam die Idee auf, es als Kunstobjekt auf dem Skulpturenweg weiterleben zu lassen. Ein Kopf aus Metall, ein Schweif aus Seilen, und fertig war das sportlich-kulturelle Pferd.

Adresse Dorfplatz 2, 3704 Krattigen, Tel. 033/6541330, www.krattigen.ch | ÖV Bus Nr. 61 ab Spiez bis Haltestelle Krattigen, Dorf | Anfahrt von Spiez Richtung Krattigen, Parkplätze auf dem Dorfplatz | Öffnungszeiten ganzjährig | Tipp Auf Anmeldung wird in der «Gnuss-Schüür» nachhaltig gekocht und Dinkel-Seitan hergestellt (Hofacherweg 4, 3704 Krattigen, www.gnuss-schüür.ch).

53__Die Dittligmühle

Viel Mehl und ein Kultur-Café mit Antiquitäten

Wer gern Brot backt, wird hier seine helle Freude haben. Aber auch die Qual der Wahl. Denn im Laden der Dittligmühle gibt es so viele Mehlsorten, dass man sich zuerst einen Überblick verschaffen muss. Grosse und kleine Säcke von Weiss-, Zopf-, Ruch-, Dinkel- und Roggenmehl reihen sich aneinander, aber auch solche mit Backmischungen, die so vielversprechende Namen wie «Vrenelis Dinkelzopf», «Hansjoggelis Dinkelbrot» und «Ännet am Bärg» tragen. Ja, bald kann das grosse Backen beginnen.

Doch zuerst noch etwas zur Geschichte der Dittligmühle, diesem traditionellen Familienbetrieb, der bereits in siebter Generation geführt wird.

Um seinen Vater zu unterstützen, erlernte Georges Wenger 1970 den Beruf des Mühlenbauers, später zusätzlich jenen des Müllers und des Müllereitechnikers.

In den 1980er Jahren spezialisierte er sich auf die Herstellung von Kraftfutter, aber dann ging die Nachfrage zurück, und der Betrieb musste im Jahr 2000 schliessen. Georges Wenger nahm eine Stelle in einer Fabrik an, doch er gab nicht auf. Er entwickelte eine Idee und baute die Futtermühle in seiner Freizeit zu einer Mehlmühle um. 2008 kündigte er seinen Fabrikjob wieder und widmete sich voll und ganz der Mühle. Mit Erfolg: Seine Goldkorn-Backmischungen, die er immer wieder kreiert, finden grossen Anklang. Sie werden aus Rohstoffen des Naturparks Gantrisch hergestellt und an vielen Orten in der Schweiz verkauft.

Hinter dem Laden, im ältesten Teil des Hauses, befindet sich «Irmas Mahlwerk», das Reich von Georges Frau. Hier gibt es feinen Cappuccino und allerlei Raritäten wie Zählrahmen und Puppenbetten. «Irmas Mahlwerk» ist gleichzeitig ein Selbstbedienungs-Café, ein Antiquitäten-Lädeli und ein Kulturlokal. Draussen auf der Sonnenterrasse setzt das Wasserrad Transmissionsriemen in Gang, welche alte Müllerei-Maschinen wie zum Beispiel Mahlsteine bewegen.

Adresse Mühle 3, 3636 Längenbühl, Tel. 033/3563474, www.dittligmuehle.ch, www.irmasmahlwerk.com | **ÖV** mit dem Bus von Thun Richtung Wattenwil bis Haltestelle Längenbühl, Bach | **Anfahrt** von Thun über Seftigen oder Thierachern nach Längenbühl | **Öffnungszeiten** Di – Fr 9 – 12 und 13 – 17 Uhr, Sa 9 – 17 Uhr | **Tipp** Der Längenbühlwald, der sich in der Nähe befindet, lädt mit dem Naturschutzgebiet Waldweiher zu schönen Spaziergängen ein.

54 Der Lauenensee

Ein besungenes Idyll ist langsam am Verlanden

Was ein Song doch alles bewirken kann. Seit ihn die Berner Mundartrockband «Span» 1983 besungen hat, kennen ihn alle: den Lauenensee. «Immer wenn i wieder dra dänke, a das Gfüeuh dert am Ufer vom See, de merk i wie guet dass's mer ta het, i gloube, i gange no meh a Louenesee …» Doch mal ehrlich: Wer war wirklich schon einmal an diesem schönen Ort? Und wer weiss, dass der See, der oberhalb des gleichnamigen Dorfes in der Nähe von Gstaad liegt, langsam am Verlanden ist?

Dies hat schon zu vielen Diskussionen geführt: Die einen sehen die freie Entfaltung der Natur im Vordergrund, die anderen wollen einen «richtigen» See als Erholungsgebiet für die Gäste. Zurzeit wird nichts unternommen, und somit nimmt die Verlandung – wenn auch nur langsam – ihren Lauf. Der Schönheit des Gebiets tut dies allerdings keinen Abbruch.

Das Strässchen windet sich etwa fünf Kilometer zum 1.381 Meter hoch gelegenen Lauenensee empor. Kommt man auf dem Parkplatz an, mag sich manch einer fragen: Und wo ist er jetzt, der See? Noch zehn Minuten zu Fuss, dann hat man sein Ufer mit den sattgrünen Verlandungszonen und den braungelben Moorwiesen erreicht. In den 1970er Jahren ist der Lauenensee zum Naturschutzgebiet erklärt worden, er ist ein wahres Paradies für Wasservögel, an seinem Rand brüten unter anderem Blesshühner und Reiherenten.

Den dreiviertelstündigen Spaziergang rund um den See sollte man sich nicht entgehen lassen: Er führt das von Schilf und Wollgras bewachsene und mit Tannengruppen gespickte Ufer entlang und gibt immer wieder den Blick auf den imposanten Tungelschuss frei, den Wasserfall, der über die gegenüberliegenden Felswände hinabstürzt. Hier und dort laden Bänke zum Verweilen ein. Und wenn man dann mitten in dieser idyllischen Landschaft sitzt, begreift man, warum der Ort einst besungen wurde. Der Lauenensee ist ein Traum – Verlandung hin oder her.

Adresse circa 5 Kilometer oberhalb von Lauenen, 3782 Lauenen | **Anfahrt** Bitte mit ÖV anreisen! Mit dem Zug von Thun über Spiez und Zweisimmen nach Gstaad, mit dem Postauto über Lauenen an den Lauenensee | **Öffnungszeiten** ganzjährig; im Winter nur zu Fuss oder mit Pferdeschlittenfahrten | **Tipp** Kehren Sie im Restaurant Lauenensee ein, an dem man vom Parkplatz her vorbeikommt (Frühling, Sommer, Herbst). Im Winter im Restaurant Mattenstübli. www.lauenensee.net

55 Die Klöppelstube

Eine der frühesten Heimarbeiten im Berner Oberland

Es ist erstaunlich, wie schnell die kleinen Holzspulen hin und her wirbeln. Und noch erstaunlicher, dass dabei etwas so Filigranes entstehen kann. Das Klöppeln ist eine der ältesten Spitzentechniken der Welt, und früher waren es die Gewänder an Königshöfen, die mit geklöppelten Spitzenkragen verziert wurden. Auch im Lauterbrunnental hat das Klöppeln eine lange Tradition. Heute wird sie wieder gepflegt: in der Klöppelstube Lauterbrunnen.

Der erste schriftliche Eintrag über das Klöppeln im Tal findet sich in einem Verzeichnis, das in den Jahren 1669 bis 1692 geführt wurde. Viele Jahre später hielten maschinell angefertigte Spitzen aus England Einzug, die teilweise als regionale Handarbeit verkauft wurden. Das gefiel dem Pfarrer Trechsel nicht, und so gründete er 1912 den «Verein zur Hebung der Klöppelindustrie im Lauterbrunnental». In Kursen wurden die Frauen unterrichtet, wie sie Spitzen in Heimarbeit anfertigen konnten. Der Zusatzverdienst, wenn auch noch so klein, war in den harten Zeiten willkommen. Es soll sogar passiert sein, dass die Frauen winters den ganzen Tag klöppelten und die Männer die Hausarbeiten besorgten.

Was einst harte Heimarbeit war, geriet eine Weile in Vergessenheit, lebte dann aber wieder auf. 2004 gründeten einige Frauen, die das Handwerk noch beherrschten, den Verein Lauterbrunner Spitzenklöpplerinnen.

Jeden Freitagnachmittag kann man ihnen zuschauen, wie sie filigrane Decken und Bilder gestalten. Sie arbeiten mit einem Klöppelbrief, der Vorlage, nach der die Holzspulen mit den aufgerollten Fäden übereinandergeworfen werden, und stecken millimetergenau Nadeln ein. Auf diese Weise entstehen die feinen Muster, die sich an diversen Beispielen in der Klöppelstube bewundern lassen. Einige der Frauen haben noch miterlebt, wie ihre Mütter und Grossmütter als Heimarbeiterinnen klöppelten. Damals war es ein Müssen, heute ist es ein Dürfen.

Adresse Altes Schulhaus, 3822 Lauterbrunnen, Tel. Tel. 033/8555251, www.kloeppeln-lauterbrunnen.ch | **ÖV** mit dem Zug von Thun über Interlaken nach Lauterbrunnen, circa 10 Minuten zu Fuss durchs Dorf, die Klöppelstube befindet sich vor der grossen Linkskurve | **Anfahrt** von Thun über Interlaken nach Lauterbrunnen, durchs Dorf (wie bei ÖV beschrieben, Parkplätze direkt vor dem Haus oder neben der grossen Linkskurve) | **Öffnungszeiten** Fr 13.30 – 16.30 Uhr, andere Termine oder Klöppelkurse auf Anfrage | **Tipp** Dem Tal- und Sagenmuseum von Lauterbrunnen sollte man einen Besuch abstatten. www.talmuseum-sagenwelt-lauterbrunnen.ch

56 Der Finel

Wo Ferdinand Hodler einst malte

Man kann Ferdinand Hodler schon begreifen, dass er den Finel für eines seiner Werke wählte. Der Finel, was so viel bedeutet wie «Heuhaus», ist ein Aussichtspunkt oberhalb von Leissigen. Hier, unter einer stattlichen Linde, malte der bekannte Schweizer Künstler im Juni des Jahres 1904 sein erstes Bild der Reihe «Landschaften am Thunersee». Es war 40 Jahre später, im Januar 1944, als der damalige Gemeindepräsident von Leissigen, Rinaldo Steuri, vorschlug, «dem überragenden Künstler eine Gedenkstätte zu errichten». Neun Jahre danach war es so weit: 1953, zum 100. Geburtstag von Ferdinand Hodler, der 1918 verstorben war, wurde auf dem Finel eine Gedenkstätte eingeweiht.

Ferdinand Hodler, der in Bern geboren wurde, hatte eine enge Beziehung zum Berner Oberland. Schon als Junge soll er nach Thun gekommen sein und dort frühe und offenbar glückliche Eindrücke von Bergen und See bekommen haben. Im Jahre 1868 begann er eine Lehre beim Thuner Vedutenmaler Ferdinand Sommer. Und auch später zog es ihn immer wieder an den Thunersee. Bei einem seiner Aufenthalte entdeckte er das Gebiet um den Finel. Als er eine Weile in Leissigen logierte, malte er nicht nur das Bild aus der erhöhten Perspektive des Aussichtspunkts, sondern auch etliche Uferbilder.

Ganz einfach ist der Finel nicht zu finden. Wer auf der Durchreise von Thun nach Interlaken ist, vermutet nicht unbedingt, dass sich oberhalb von Leissigen ein so herrlicher Aussichtspunkt befindet. Das Strässchen dazu zweigt denn auch recht abrupt, an einen Quartierweg erinnernd, kurz vor dem Dorfende ab und führt auf schmalem Terrain den Berg empor. Wenn man die Meielisalp passiert und von dort aus wieder ein Stück abwärtsfährt, gelangt man zum Finel. Und dann setzt man sich unter die mächtige alte Sommerlinde, die eine der grössten des Kantons Bern ist, und blickt wie einst der Maler über den weiten See.

Adresse circa 2,5 Kilometer oberhalb von Leissingen; gleich nebenan befindet sich die Pension Finel mit Gartenbeizli (Selbstbedienung): www.pension-finel.ch | **ÖV** mit dem Zug von Thun über Spiez nach Leissigen, circa eine Stunde zu Fuss bis zum Finel | **Anfahrt** von Thun über Spiez nach Leissigen, kleine Abzweigung am Dorfende rechts, schmale Strasse über Meielisalp bis zum Finel | **Öffnungszeiten** ganzjährig, mit dem Auto nur zu schneefreien Zeiten | **Tipp** Die Meielisalp oberhalb des Finels ist ein Restaurant und Hotel mit traumhaftem Blick über den Thunersee. www.meielisalp.ch

57_Der Musikberg

Glocken, Milchkannen und ein Alphorn

Die Berge und ihre Sennereien sind seit jeher mit musikalischen Klängen verbunden. Kühe und Ziegen tragen Glocken und Schellen um den Hals, und früher wurde gar jodelnd und Alphorn blasend von Alp zu Alp kommuniziert. Diesen Klängen hat sich der Betelberg oberhalb der Lenk verschrieben. Sein Skilift Leiterli, der sich gleich neben der Bergstation der Gondelbahn befindet, kennt seit einiger Zeit keine Sommerpause mehr. Anstatt sehnsüchtig auf die Rückkehr seiner winterlichen Bügel zu warten, trägt er in der warmen Jahreszeit Glocken. Genau genommen sind es zwar gar keine Glocken, die da hängen, sondern «Trycheln». Diese bestehen – im Gegensatz zu den aus Metall gegossenen Glocken – aus gehämmertem Blech. Alle paar Jahre lässt man sich auf dem Betelberg wieder etwas Neues einfallen mit dem Skilift: Einmal schickte er seine 22 Glocken zu Tale, wo sie an einem Mast mit einer Art Schlägern vorbeizogen und dabei das «Vogellisi» spielten. Zurzeit kann man den Glocken Töne entlocken, indem man die Tasten eines Alpklaviers betätigt. Und es gibt noch mehr Musik auf diesem Berg: An der Talstation des Leiterli-Skilifts, etwas unterhalb der Bergstation der Gondelbahn, befindet sich der Alpklang-Spielplatz. Hier kann man sich im Alphornblasen üben, auf einer Glockenpyramide spielen und auf umgedrehten Milchkannen Rhythmen klopfen. Die Instrumente sind aufeinander abgestimmt, so dass beim Bespielen eine klangvolle Melodie entsteht.

Und auch sonst bietet der Betelberg, der Ausgangspunkt vieler Wanderungen ist, ein paar spezielle Dinge für Gross und Klein: in der Gondel «Mona», «Flöckli» und «Moritz» bekommen die Kinder je die Geschichte einer Kuh, einer Ziege und eines Murmeltiers erzählt. Und von der Bergstation aus führt ein Alpenblumenweg, wo auf kleinen Schildern die Namen der Blumen zu lesen sind. Im Hochsommer blühen hier, auf 2.000 Metern über Meer, um die 70 Arten.

Adresse Lenk, Bergstation Betelberg, Tel. 033/7363030, www.betelberg.ch | **ÖV** mit dem Zug von Thun über Spiez, Zweisimmen bis an die Lenk, mit der Gondelbahn auf den Betelberg | **Anfahrt** von Thun über Spiez, Zweisimmen bis an die Lenk, grosser Parkplatz bei der Talstation der Betelberg-Gondelbahn | **Öffnungszeiten** Sommer: Mitte Juni–Mitte Okt., Winter: Mitte Dez.–Mitte April (genaue Infos siehe Website) | **Tipp** Auf dem 45-minütigen Alp-Rundweg ab der Bergstation der Betelberg-Gondelbahn erfährt man viel zum Thema Alpkultur.

58 Der Ringweg

Auf den Spuren der Malerin Clara von Rappard

Seinen Namen hat der Weg, weil er sich wie ein Ring um den kleinen Rugenhügel schliesst. Interessant ist er, weil er einer Malerin gewidmet ist. Clara von Rappard (1857–1912) galt zu Lebzeiten als bekannteste Malerin der Schweiz und verbrachte einen grossen Teil ihres Lebens am Rugen. Die Künstlerin, die sich in ihren Landschaftsbildern und Porträts mit Realismus, Naturalismus und Impressionismus auseinandersetzte, geriet nach ihrem Tod in Vergessenheit. Um sie wieder bekannter zu machen, gründeten Kulturinteressierte 1995 die Gesellschaft «Clara von Rappard». Es entstand die Idee, den Ringweg mit Infotafeln auszustatten, die das Schaffen der Künstlerin und die Familie von Rappard vorstellen. Gemeinsam mit der Gemeinde Matten und der Kunstgesellschaft Interlaken konnte das Vorhaben umgesetzt werden.

Auf dem Ringweg, der durch einen schönen Wald mit vielen Aussichtspunkten führt, gibt es auch Interessantes über Claras Vater Conrad von Rappard zu erfahren. Der deutsche Jurist und Unternehmer wanderte 1849 in die Schweiz ein, liess sich am Kleinen Rugen nieder und setzte sich fortan für Tourismus und Kultur ein. Unter anderem legte er den Ringweg an und errichtete 1863 die Trinkhalle, wo den Gästen Molken- und Mineralwasserkuren angeboten wurden. Diese historische Trinkhalle ist eine der zehn Stationen des Ringwegs. Weitere Tafeln befinden sich an Aussichtspunkten, eine beim Grabstein von Clara und Conrad von Rappard, in einem Wäldchen nahe der Unspunnenwiese.

An diesem verborgenen Ort fühlt man sich der Künstlerin irgendwie nahe. Clara von Rappard wurde 1857 in Bern geboren und absolvierte Ausbildungen in Deutschland und Italien. Ihre Werke wurden mehrfach ausgezeichnet und unter anderem in Paris und Chicago ausgestellt. Ein schweres Nervenleiden setzte dem kreativen Schaffen ein frühes Ende. Clara von Rappard starb 1912 in Bern an einer Lungenentzündung.

Adresse am Kleinen Rugen, 3800 Interlaken, Start beim Eissportzentrum Matten, www.claravonrappard.ch | **ÖV** mit dem Zug von Thun nach Interlaken, mit dem Bus nach Matten bis Haltestelle Hotel Sonne, der Start des Ringwegs befindet sich ganz hinten beim Tellspiel-Areal | **Anfahrt** von Thun über Interlaken nach Matten, grosser Parkplatz beim Eissportzentrum | **Öffnungszeiten** ganzjährig; die Begehung des Ringwegs dauert circa eine Stunde | **Tipp** Die wunderschöne historische Trinkhalle, eine der Stationen auf dem Ringweg, kann man für Anlässe mieten. www.trinkhalle.ch

59 Das Tellspiel-Areal

Ein Blick hinter die Kulisse

Eine halbe Stunde vor der Aufführung bringt der Bauer seine mit Glocken und Blumen geschmückten Tiere, die bei den Tellspielen eingesetzt werden, auf das Areal des Freilichttheaters. Auch die 120 menschlichen Darsteller kommen aus der Region. Sie sind zwischen wenigen Monaten und 80 Jahre alt, allesamt Laien, und leisten den Einsatz für ein Taschengeld und aus purer Freude.

Es war ein Lehrer, der den Grundstein für die Tellspiele legte. 1910 hatte er die Idee, mit seinen Schülern Szenen aus Schillers «Wilhelm Tell» darzustellen. Zwei Jahre später fand die erste Freilichtaufführung in Matten bei Interlaken statt.

Seit den 1960er Jahren wird das Stück über den wackeren Schweizer Freiheitskämpfer jeden Sommer um die 20 Mal gespielt. Einst stand in den Statuten, dass es «in erzieherischer und moralischer Hinsicht auf das Volk einwirken soll». Das ist längst vorbei, doch die Vorlage ist bis heute gleich geblieben.

Die professionellen Regisseure, die sich alle zwei Jahre abwechseln, haben allerdings viel Spielraum, um neue Ideen einzubringen. Und auch andere Theaterproduktionen, die sich für diese natürliche Umgebung eignen, werden hier aufgeführt.

Bis in die späten 1930er-Jahre spielten die Darsteller vor Leinwänden, die mit Häuserfronten bemalt waren. Dann beschloss man, ein Dorf aus echten Häusern nach historischem Vorbild zu bauen. Dieses kann man in spielfreien Zeiten besichtigen. So hat man die Gelegenheit, sich auf dem Tellspiel-Areal zu bewegen, das sonst den Schauspielern vorbehalten ist. Man darf durch das Dorf wandeln, die Häuser betreten, den Waldweg abschreiten, wo jeweils die Pferde durchpreschen, und die Ställe besichtigen. In den Umkleideräumen warten Kettenhemden, Helme und Lanzen auf ihren Einsatz, und überall riecht es nach Theaterluft. Und wenn man das alles gesehen hat, bekommt man Lust, den nächsten Tellspielen einen Besuch abzustatten.

Adresse Sekretariat Tell-Freilichtspiele, Tellweg 5, 3800 Matten bei Interlaken, Tel. 033/8223722, www.tellspiele.ch | **ÖV** mit dem Zug von Thun nach Interlaken, mit dem Bus nach Matten bis Haltestelle Hotel Sonne, am Eissportzentrum vorbei zum Tellspiel-Areal | **Anfahrt** von Thun über Interlaken nach Matten, grosser Parkplatz beim Eissportzentrum | **Öffnungszeiten** Die Tellspiele finden von Ende Juni–Anfang Sept. statt. | **Tipp** In Matten gibt es viele historische Brunnen und einen «Brunnenweg», der sich in einer knappen Stunde erwandern lässt. www.brunnendorf.ch

60 Das Landkino

Eine cineastische Perle

Im Foyer hängt ein grosser Notizblock mit aufgekritzelten Filmtiteln: Es ist der Wunschzettel der Besucher. Das Kino Meiringen, weitab von betriebsamen Städten, hat 140 Plätze, zeigt zwei verschiedene Filme pro Woche, einmal im Monat Kleinkunst und ist an fünf Abenden geöffnet. Die Filmkultur hat in diesem Dorf Tradition. 1945 begann das Ehepaar Schönbucher, im Restaurant Kreuz Filme vorzuführen. Der Projektor war mobil, und so kamen auch die Arbeiter, die damals im Grimselgebiet die Kraftwerke bauten, ab und zu in den Genuss eines Filmes. Später liess das Ehepaar ein Kino bauen, gleich neben dem Kreuz, der heutigen Trattoria Bel Paese. Als Albert Schönbucher in den 1980er Jahren starb, führte seine Frau Nelly den Betrieb weiter. 2002 starb auch sie, und es sah aus, als ob Meiringen sein Kino verlieren würde.

Doch es gab ein paar Leute, die sich dafür einsetzten, das Kino im Dorf zu behalten. Sie gründeten den «Förderverein Cinema Meiringen» und fanden eine Käuferin, die sich bereit erklärte, das Kino zu günstigen Konditionen zu vermieten. Die Mitglieder des Vereins arbeiten ehrenamtlich und mit viel Herzblut. Sie legen Wert auf ein kulturell hochstehendes Programm, gestalten Filmzyklen und laden Regisseure zu Premieren ein. Als der neue Sherlock-Holmes-Film anlief, wurde der Präsident der Sherlock-Holmes-Gesellschaft Grossbritanniens informiert. Er kam prompt, Sommerpneus an seinem Auto, mitten im November. Das Kino überlebt dank dem Idealismus seiner Betreiber – und das Engagement lohnt sich.

Vor ein paar Jahren zeigte sich, wie verankert es ist. Als ein Umbau unumgänglich wurde, spendeten die Dorfbewohner 60.000 Franken. So konnte das Kino digitalisiert und die Einrichtung erneuert werden. Ein bisschen Charme hat es nun zwar verloren – vorher erinnerten der Parkettboden mit den aufgeklebten Teppichen und die Holzbalken an der Diele an eine Stube. Doch zumindest das alte Kassenhäuschen durfte bleiben.

Adresse Cinema Meiringen, Kirchgasse 7, 3860 Meiringen, Tel. 033/9711633, www.kino-meiringen.ch | ÖV mit dem Zug von Thun über Interlaken bis Meiringen, dann 2 Minuten zu Fuss | Anfahrt von Thun über Interlaken nach Meiringen, Parkplätze beim Bahnhof | Öffnungszeiten ganzjährig, aktuelles Programm beachten | Tipp Bei Steinideen, einem kleinen Meiringer Laden mit Werkstatt, gibt es selbst gefundene Kristalle und bearbeitete Steine zu kaufen. www.steinideen.ch

61 Die Meringues

Geburtsort der luftigen Süssigkeiten

Mögen Sie Meringues? Diese luftigen Gebäcke aus Zucker und Eiweiss? Dann pilgern Sie an deren Geburtsort, nach Meiringen. Hier soll nämlich ums Jahr 1600 ein Konditor namens Gasparini dieses köstliche Gebäck kreiert haben. Fortan hiess die Schöpfung nach dem Ort ihrer Geburt «Meiring» oder, in der Mehrzahl, «Meiringe». Als die süssen Gebäcke nach Österreich und Süddeutschland gelangten, wurden sie dort zu «Meirinken» und «Merinken», in Norddeutschland zum «Spanischen Wind», in England zum «Kiss» und in Frankreich schliesslich zu «Meringues». Dort kostete auch Stanislaus Leszczynski davon, der ehemalige König von Polen. Als seine Tochter Maria 1725 König Louis XV. von Frankreich heiratete, liess Leszczynski das Meringues-Rezept an den Hof der Frischvermählten senden. Die Gebäcke wurden dort geschätzt, die Königin soll sie zum Teil sogar selbst gebacken haben. Gasparini, der Meringue-Erfinder, ist natürlich längst aus Meiringen verschwunden. Doch die Bäcker-Konditor-Familie Frutiger hat seine Spur aufgenommen. Jährlich verarbeitet sie in ihrer Versandbäckerei Frutal bis 20.000 Liter Eiweiss und 40 Tonnen Zucker zu diesem Meiringer Traditionsgebäck. Und zwar in allen Varianten: «normale», aber auch solche mit Schokolade-, Vanille-, Baileys-, Kokos-, Bananen, Heidel-, Erd- und Himbeeren, Ananas und rosa Pfeffer. Es gibt sie für Diabetiker und Veganer, in herkömmlicher Grösse, ganz klein, in Tortenformat oder als Meringues-Lollipops.

Auf Anmeldung – im Sommer auch jeden Mittwochvormittag – kann man der Meringue-Herstellung in der Backstube beiwohnen und selbst Hand anlegen. Übrigens: Eine Meringue muss acht bis zehn Stunden im Ofen verbringen, um richtig schön luftig-trocken und nicht zäh zu werden. Im Laden der Bäckerei gibt es täglich alle Varianten zu kaufen, und im angrenzenden Tea Room lassen sich die Gebäcke zu einer Tasse Kaffee oder Tee geniessen.

Adresse Frutal Versandbäckerei, Bahnhofstrasse 18, 3860 Meiringen, Tel. 033/9711821, www.frutal.ch | **ÖV** mit dem Zug von Thun/Interlaken bis Meiringen, dann eine Minute zu Fuss | **Anfahrt** von Thun über Interlaken nach Meiringen, Parkplätze beim Bahnhof | **Öffnungszeiten** Tea Room: Mo–Sa 7–18.30 Uhr, So 8–18.30 Uhr, Laden: Mo–Fr 7–18.15 Uhr, Sa 7–17 Uhr, So 8–17 Uhr | **Tipp** Es lohnt sich, eine Wanderung durch die imposante Aareschlucht zu unternehmen, deren westlicher Eingang sich circa 30 Fussminuten ab Bahnhof Meiringen befindet. www.aareschlucht.ch

62 Das Sherlock Holmes Museum

Auf den Spuren des Meisterdetektivs

Willkommen in der faszinierenden Welt von Sherlock Holmes. Hier, unweit der Reichenbachfälle, wo der grosse Detektiv beim Kampf mit seinem Erzfeind Professor Moriarty vermeintlich zu Tode kam, befindet sich ein kleines, feines Museum in der Englischen Kirche. Diese wurde 1868 gebaut, um für die damals zahlreichen englischen Feriengäste Gottesdienste abzuhalten. Seit 1991 birgt die Kirche in ihrem Untergeschoss das Sherlock Holmes Museum, das sich mit einem informativen Audio-Führer erkunden lässt.

Es ist eine wahre Freude, was es da alles zu bestaunen gibt: eine Bauzeichnung der Baker Street 221b etwa, Einbrecherwerkzeug aus dem 19. Jahrhundert, eine Landkarte mit der Route von Genf bis Meiringen, die Holmes und Watson gewählt hatten, und natürlich ein Porträt von Sir Arthur Conan Doyle. Absoluter Höhepunkt ist aber das originalgetreu eingerichtete und nach den Romanen konstruierte Wohnzimmer im viktorianischen Stil mit Unmengen von detektivischen Details wie der legendären Lupe, einem im Kaminsims steckenden Messer, einer Keksdose und einem Buttergefäss, wo Holmes seltsame kriminelle Relikte aufbewahrte, einem Revolver und gar einem kleinen Labor. Die Herzen von grossen und kleinen Sherlock-Holmes-Fans werden höherschlagen.

Bei schönem Wetter lohnt es sich, anschliessend einen Abstecher zu den Reichenbachfällen zu machen. Ungefähr 15 Gehminuten vom Museum entfernt fährt die nostalgische Drahtseilbahn zum Wasserfall empor. Dort kann man die zu Tale stürzenden Wassermassen bestaunen und den steilen Weg einschlagen, der neben dem Wasserfall zu einigen imposanten Aussichtspunkten führt. Wer es bis ganz oben schafft (circa 20 Minuten) und auf der anderen Seite ein Stück durch den Wald nach unten geht, kommt zur Stelle des tödlichen Kampfes zwischen Holmes und Moriarty.

Adresse Bahnhofstrasse 26, 3860 Meiringen, Tel. 033/9726008, www.sherlockholmes.ch | **ÖV** mit dem Zug ab Interlaken bis Station Meiringen | **Anfahrt** ab Interlaken Richtung Meiringen/Innertkirchen, das Museum befindet sich in unmittelbarer Nähe des Bahnhofs | **Öffnungszeiten** Ende April–Ende Okt. täglich 13.30–18 Uhr, Anfang Dez.–Ende April Sa und So 13.30–17 Uhr oder auf Anfrage | **Tipp** In der Molki Meiringen gibt es Sherlock-Glace, eine Mischung aus Pfefferminz-Eis mit Choco-Stücken. www.molki.ch

63 Das Wollreich

Wie aus zwei Schafen ein ganzes Reich wurde

Zuerst muss man wissen, was ein «Bänz» ist. Im hiesigen Dialekt, dem «Haslitiitsch», bedeutet dieses Wort «Schaf». Und diesen Bänzen hat sich die Familie Brog verschrieben. Zehn Tonnen Wolle verarbeitet sie jedes Jahr in ihrem «Wollreich», teils von ihrer eigenen Herde, die aus 400 Schwarznasen-, weissen Alpenschafen und Spiegelschafen besteht, teils von anderen Herden, deren Besitzer die Wolle anliefern. Und dann heisst es schären, waschen, trocknen und karden. Das Ergebnis ist feinste Wolle, die zum Teil weiterverarbeitet wird, etwa zu Bettinhalten, Jacken, Pantoffeln, Stillkissen oder Gartenvlies, das die Pflanzen winters vor Frost schützt. Zum Färben schicken die Brogs und ihre Mitarbeiter die Wolle in die Ostschweiz. Von dort kehrt sie mit Farben versehen zurück, die im Wollreich so klingende Namen wie «Enzian», «Gletscher» und «Alpenrose» erhalten.

Begonnen hat das Ganze mit einem Geburtstagsgeschenk. Es war 1996, als Heinz Brog zu seinem 30. Geburtstag zwei Schwarznasenschafe erhielt. Die vierköpfige Familie, die in Meiringen einen Hof betreibt, freute sich an den Schafen. Deren Wolle gedieh prächtig und gab beim Schären viel her. Doch was nun? Ruth Brog besuchte einen Grundkurs im Filzen und begann, Produkte in der Familienküche herzustellen. Das Arbeiten mit der Wolle, die bei Kälte eine wärmende und bei Hitze eine kühlende Wirkung hat, begeisterte sie. Die Herde wuchs, Brogs kauften eine Kardmaschine und richteten das Wollreich ein. Dieses ist offen für Besucher und bietet fertig verarbeitete Produkte wie auch ungesponnene Wolle in allen Farben an. Auch Führungen und Kurse im Filzhandwerk kann man buchen.

So wurde also aus zwei Geburtstagsschafen ein ganzes Reich. Doch das ist noch nicht alles. Die Brogs haben schon weitere Pläne: Sie möchten einen Themenweg «Wolle sehen, spüren und erleben» errichten.

Adresse Gewerbezentrum, Hauptstrasse 10, 3860 Meiringen, Tel. 033/9718488, www.wollreich.ch | **ÖV** mit dem Zug von Thun über Interlaken nach Meiringen, circa 5 Minuten zu Fuss | **Anfahrt** von Thun über Interlaken nach Meiringen, Parkplätze beim Gewerbezentrum | **Öffnungszeiten** Di–Fr 9–11.30 und 14–18 Uhr, Sa 9–12 und 13–16 Uhr | **Tipp** Familie Brog vermietet ein Ferienhaus, das Wollhaus Oberzwirgi, das mit Wolle isoliert und ausgestattet ist und die Geschichte vom Schaf bis zur Wolle thematisiert.

64 Der Courage Garden

Ein Gartentraum hoch über dem Thunersee

Blumen sind das Lächeln der Erde, heisst es. Betritt man den 1.000 Quadratmeter grossen Garten hoch über dem Thunersee, bekommt man das sofort zu spüren. Zuerst aber ist da das Lächeln der Gastgeber. Bettina und Wilfried Courage, die ihren privaten Garten interessierten Besuchern zeigen, empfangen einen warmherzig. Sie bitten auf einen Rundgang, der von einem thematischen Gartenraum zum nächsten führt. Den Auftakt machen die edlen Rosen, weiter geht es mit dem Herbstgarten und den Wildrosen. Der Mondgarten ist sichelförmig angelegt und mit den kühlen Farben Weiss, Blau und Silber bepflanzt, im danebenliegenden Sonnengarten dominieren die warmen Töne.

Buchsbüsche zeigen die klaren Linien eines Bauerngartens, im Teichgarten, dem «Ort innerer Einkehr», ist das Wasser präsent. Ein Bach plätschert über die Felsen, und ein Holzsteg führt über einen Teich zu einer gemütlichen Sitzbank. Von dort aus – rechter Hand ist der Felsengarten – blickt man staunend auf die eben durchwanderten Gartenräume zurück. Am Schluss des Rundgangs kann man sich auf die Terrasse des Gartenhauses setzen und noch einmal staunen: Die Sicht auf Blumen, See und Berge ist schlichtweg grossartig.

Die Courages, die bis 2008 in Köln wohnten, träumten schon lange von einem grossen, selbst gestalteten Garten. Während eines Urlaubs im Berner Oberland verliebten sie sich in ein Haus hoch oben in Merligen. Sie beschlossen, ihr Leben umzukrempeln, kauften das Haus, zogen in die Schweiz und begannen mit der Verwirklichung ihres Traums. Wochenlang planten, schaufelten, baggerten und pflanzten sie. Die Aufteilung war so: Wilfried übernahm die technischen Arbeiten, Bettina die pflanzlichen. «Ich male mit den Pflanzen», sagt sie. Und: «Der Garten lehrt einen, geduldig zu werden.» Das Werk ist ihnen gelungen, doch die Arbeit in einem Garten ist ja bekanntlich nie zu Ende.

Adresse Bettina und Wilfried Courage, Rebweg 1, 3658 Merligen, Tel. 033/2512374, www.courage-garden.ch | **ÖV** Bus 21 ab Thun bis Haltestelle Merligen, Kreuz, dann circa 20 Minuten zu Fuss | **Anfahrt** von Thun Richtung Gunten–Interlaken bis Merligen, nach dem Restaurant bei der Bushaltestelle Merligen, Kreuz, scharf links abbiegen und dem Schild Tennisplatz folgen, genaue Wegbeschreibung bei Anmeldung | **Öffnungszeiten** Auf telefonische Anmeldung! | **Tipp** In der Nähe des Courage Gardens befindet sich der Rundweg Fuchseren, der über den einstigen Marmorabbau in Merligen informiert (www.merligen.ch).

65 Das Seebad

Klein, aber oho!

Grosse Badis sind nicht jedermanns Sache. Doch wo soll man sonst hingehen, wenn man in einem beheizten Aussenschwimmbad seine Längen ziehen möchte? Gäbe es doch nur ein kleines, gemütliches Bad … Das gibt es! Klein und persönlich, angenehm beheizt, direkt am See und mit prächtigem Blick auf den Niesen: das Seebad in Merligen.

Die Geschichte des Bades begann, als zwischen Steffisburg und Interlaken noch ein Tram, die rechtsufrige Thunerseebahn, verkehrte. Die Station Beatenbucht – zugleich Station der Thunersee-Beatenberg-Bahn und der Schifffahrt – war ein wichtiger Güterumschlagplatz. Als in Merligen, unweit der Beatenbucht, der Wunsch nach einer öffentlichen Badeanlage aufkam, beteiligte sich die Thunersee-Beatenberg-Bahn an der Gründung der Badegenossenschaft. Allerdings mit der Auflage, im Namen des Bades müsse auch «Beatenberg» vorkommen. So kam es, dass 1928 das «See- und Sonnenbad Merligen-Beatenberg» eröffnet wurde. Die Genossenschaft konnte zusätzlich die alte Mühle mitsamt Wasserrad erwerben. Zwei Mühlsteine sind heute noch vorhanden, das Wasserrad leider nicht mehr, an seiner Stelle steht das Kassenhäuschen. Bis zur Eröffnung des beheizten 25-Meter-Bassins dauerte es noch eine Weile: Sein Bau in den Jahren 1974/75 war ein Pionierwerk. Seither darf sich das Merliger Seebad als einziges beheiztes Aussenschwimmbad auf der rechten Thunerseeseite bezeichnen.

Und es ist wirklich ein Bijou: Wenn man sich in das Becken mit etwa 23 Grad gleiten lässt, hat man das Gefühl, man schwimme direkt im See. Wäre da nicht die verräterische Farbe des Wassers, die vom helltürkisen Schwimmbad- ins dunklere Thunersee-Blau übergeht. Im See schwimmen kann man selbstverständlich auch: Ein Floss und ein Sprungbrett bieten dabei Abwechslung. Zudem gibt es ein beheiztes Kinderbecken und ein Bistro, sodass sich das Bad gut für Familien eignet.

Adresse Seestrasse 294, 3658 Merligen, Tel. Tel. 077/5047547, www.strandbadmerligen.ch | **ÖV** Bus 21 ab Thun bis Haltestelle Merligen, Beatus, ein paar Meter zurückgehen | **Anfahrt** von Thun Richtung Gunten–Interlaken bis Merligen, Parkplatz schräg vis-à-vis Hotel Beatus, das Seebad liegt gleich gegenüber | **Öffnungszeiten** Mitte Mai–Mitte Sept. täglich 9.30–19 Uhr, in den Sommerferien 9.30–21 Uhr, je nach Witterung | **Tipp** Im Winter oder bei schlechtem Wetter gibt es eine wunderbare Alternative: das Solbad im Hotel Beatus gleich nebenan. www.beatus.ch

66__Die Wegkapelle

Ein stiller Ort für Jakobspilger

Die Kapelle sieht aus wie ein kleiner Stall. Und genau das war sie früher auch. Bis die Brüder der Christusträger Communität, die das nahe Gut Ralligen bewohnen, die Idee hatten, Weihnachten in diesem Stall zu feiern. Es war ein schöner Anlass, den sie im nächsten Jahr wiederholten, und so entstand die Idee, den Stall in eine Kapelle umzubauen.

Geld für das Vorhaben hatten die Brüder einer ordensähnlichen Gemeinschaft der evangelischen Kirche nicht viel, und deshalb beschlossen sie, selbst Hand anzulegen.

In 2.000 Arbeitsstunden mauerten und zimmerten sie unter tatkräftiger Mithilfe von Wandergesellen und lokalen Handwerkern. Sie fügten zwischen die Holzbalken blaues Glas ein, was der nördlichen Wand nun die Form eines Schiffes verleiht. Die Einrichtung wurde vom Bildhauer Karl Imfeld gestaltet. Und das Ergebnis lässt sich sehen: Die Kapelle strahlt eine schlichte Schönheit aus. Sie soll den vorbeiziehenden Pilgern Gelegenheit bieten, einen Moment der Stille zu geniessen oder ein Gebet zu sprechen. Denn auf dieser Seeseite führt der Berner Oberländer Abschnitt des Jakobswegs vorbei, der vom Brünigpass hinunter dem Brienzer- und Thunersee entlang weiter nach Amsoldingen führt.

Etwas unterhalb der Wegkapelle befindet sich ein kleines Schloss. Es ist das Gut Ralligen, das ehemalige Rebgut des Augustinerklosters Interlaken. Seit 1976 führen es die Brüder der Christusträger Communität als Gästehaus und bieten interessierten Personen Retraiten, Kurse und Tagungen an. Die Jakobspilger erhalten Speis und Trank sowie eine einfache Unterkunft. Um die Wegkapelle zu besuchen, muss man kein Pilger sein. Der einstige Stall steht meistens offen und bietet Gelegenheit, einen Moment innezuhalten. Das lohnt sich, denn es ist wirklich ein schöner Ort. Die Brüder sind übrigens sehr offene Menschen, die gern Auskunft über ihr Leben auf Gut Ralligen geben.

Adresse Gut Ralligen, Schlossweg 3, 3658 Merligen, Tel. 033/2522030, www.christustraeger.org | **ÖV** Bus 21 ab Thun bis Haltestelle Ralligen (Halt auf Verlangen!), über die Strasse, circa 5 Minuten zu Fuss den Berg empor, die Kapelle ist oberhalb des Schlosses | **Anfahrt** von Thun Richtung Gunten–Interlaken, eingangs Merligen links Richtung Ralligen abbiegen, Parkplatz beim Schloss | **Öffnungszeiten** ganzjährig, die Wegkapelle ist tagsüber (wenn keine Anlässe stattfinden) offen | **Tipp** Schreiten Sie ein Stück Jakobsweg ab (wenn auch in umgekehrter Richtung): von Merligen bis Sundlauenen, dann mit dem Bus zurück.

67__Die Mühlsteine

Die vergessenen Steine am Niesen

Seit mehr als 300 Jahren liegen an der Flanke des Niesens Mühlsteine. Warum sie – halb fertig und mit perfekten Bohrungen – im Gelände sind, ist nicht ganz klar. Vermutlich wurden sie einst für die zwölf Mühlen, die sich im Frutigland befanden, hergestellt und dann nicht mehr gebraucht. Die meisten der runden Fundstücke bestehen aus der «Niesenbreccie», einem Gemisch aus verschiedenen Gesteinskomponenten, vergleichbar mit künstlichem Waschbeton. Es wird angenommen, dass die Mühlsteine um etwa 1700 gehauen und mit einem Werkzeug aus Holz und Eisen von Hand gebohrt wurden.

Da die Mühlsteine zwischen der Mittel- und der Bergstation abseits des Wanderweges liegen und kaum zu finden sind, beschloss man, einen von ihnen auf den 2.362 Meter hohen Gipfel zu transportieren. Nun befindet er sich auf dem Spielplatz «Niesendörfli» gleich neben dem Restaurant, wo er vor dem Mühlhäuschen in den Boden eingelassen wurde. Noch ein paar Schritte weiter empor, und man geniesst eine prächtige Rundsicht. Die fast ebenmässige Pyramidenform des Niesens inspirierte Künstler wie Paul Klee, Cuno Amiet und Jean-Frédéric Schnyder zu Bildern. Ursprünglich hiess der Berg «Yesen». Das ist die volkstümliche Bezeichnung für den gelben Enzian, der hier immer noch blüht. «An Yesen» verschmolz schliesslich zum Namen Niesen.

Auf den stattlichen Berg führt auch eine Treppe, entlang dem Geleise der Niesenbahn, mit insgesamt 11.674 Stufen. Laut «Guinnessbuch der Rekorde» ist sie die längste Treppe der Welt, ist aber aus Sicherheitsgründen nicht zugänglich. Nur einmal im Jahr wird sie für Fussgänger, besser gesagt für Läufer, geöffnet, dann, wenn der Niesenlauf stattfindet. Der Rekord, die vielen Stufen zu erklimmen, liegt bei knapp 52,5 Minuten. Die Bahn benötigt für dieselbe Strecke 28 Minuten. Und ein Wanderer, der allerdings auf dem Wanderweg einen ziemlichen Umweg macht, ganze fünf Stunden.

Adresse Niesen, 3711 Mülenen, Niesenbahn: Tel. 033/6767711, www.niesen.ch | **ÖV** mit dem Zug von Thun über Spiez nach Mülenen, mit der Standseilbahn auf den Niesen | **Anfahrt** von Thun über Spiez nach Mülenen, dann wie bei ÖV | **Öffnungszeiten** Mitte April–Mitte Nov. | **Tipp** Bei der Talstation der Niesenbahn oder bei der Kulturgutstiftung Frutigland kann eine Broschüre zu den Mühlsteinen rund um den Niesen gekauft werden. www.kulturgutstiftung.ch

68__Der Piz Gloria

Ein Gipfel, der seinen Namen James Bond verdankt

Dieser Herr Bond kann einfach mehr als andere. Und zwar nicht nur übelste Verbrecher jagen und dabei noch gut aussehen. Nein, er kann einen Berg betreten, und man spricht noch ein halbes Jahrhundert später von ihm. Gut – er hat das Schilthorn mehr als nur betreten, er hat seinem Gipfel den heutigen Namen verpasst: Piz Gloria. Denn so hiess das Hauptquartier des Bösewichts Blofeld in Ian Flemings Romanvorlage für den Bond-Film «Im Geheimdienst Ihrer Majestät», der zum grossen Teil auf dem Schilthorn spielt.

Das 360-Grad-Restaurant auf 2.970 Metern über Meer, das sich einmal in 45 Minuten dreht, bietet eine phantastische Aussicht. Es befand sich im Rohbau, als der Bond-Produzent Albert Broccoli im Frühjahr 1968 mit seiner Anfrage kam. Das war ideal, so hatte man Gestaltungsmöglichkeiten, und ein guter Teil des Film-Innenausbaus wurde später beibehalten. Die 180-köpfige Filmcrew reiste im Herbst 1968 an und brachte einigen Aufruhr. In Mürren, dem Dorf zu Füssen des Schilthorns, wurde ein 14 Meter hoher Kirchturm gebaut, da der Regisseur Peter Hunt fand, das gehöre sich für ein Bergdorf. Als es lange nicht schneite, füllte man 1.000 Plastiksäcke mit Gletscherschnee und flog diese mit Helikoptern aufs Schilthorn.

So verwandelte sich die stille Bergwelt für fast sieben Monate in eine turbulente Bondwelt. George Lazenby betörte reihenweise Frauen, legte dem Bösewicht das Handwerk und raste mit Skiern und Bob zu Tale. Und er ist auch heute noch präsent: lauert auf Zuckerbeuteln, steht als Pappfigur auf der Terrasse und jagt einem mit seinem Auftauchen im Toilettenspiegel einen Schrecken ein. Seit 2013 gibt es im Untergeschoss des Gipfelgebäudes die «Spy World». Hier kann man eine halsbrecherische Bobfahrt und einen Helikopterflug erleben, Filmausschnitte sehen und auf einem elektronischen Tisch Erinnerungen von Einheimischen und Mitwirkenden abrufen. Einmal Bond, immer Bond.

Adresse Schilthorn – Piz Gloria, 3825 Mürren, Schilthornbahn: Tel. 033/8260007, www.schilthorn.ch | **ÖV** mit dem Zug von Thun über Interlaken nach Lauterbrunnen, mit dem Bus nach Stechelberg, mit der Luftseilbahn aufs Schilthorn | **Anfahrt** von Thun über Interlaken und Lauterbrunnen nach Stechelberg, dann wie bei ÖV | **Öffnungszeiten** ganzjährig, ausser zu Revisionszeiten | **Tipp** Legen Sie in Gimmelwald, einer Umsteigestation auf der Schilthorn-Luftseilbahn-Reise, einen Halt ein. Es ist ein äusserst schmuckes kleines Dorf!

69 Das MUMM

Die Welt der Uhren und Musikautomaten

Es tickt und rattert und schlägt. Hier rasselt die Kette einer Uhr empor, dort spielt eine Drehorgel ein lustiges Lied. Es ist ein Konzert der besonderen Art, das einen in den historischen Räumen des Wichterheer-Guts, eines mittelalterlichen Rebguts, empfängt. Das Museum für Uhren und mechanische Musikinstrumente, kurz MUMM genannt, birgt eine Sammlung unzähliger tickender und klingender Exponate aus insgesamt fünf Jahrhunderten. Viele dieser grossen und kleinen Uhren wurden einst in Schweizer Werkstätten und Fabriken hergestellt, und das Museum legt Wert darauf, vor allem das Schaffen der Berner Uhrmacher zu würdigen.

Zu sehen gibt es unter anderem Turmuhren, Pendulen, Taschenuhren, Armbanduhren sowie Musikdosen, Drehorgeln und automatische Klaviere. Der grösste Teil der ausgestellten mechanischen Musikinstrumente sind Leihgaben des leidenschaftlichen Thuner Sammlers Kurt Matter. Zu entdecken gibt es auch allerlei Kuriositäten wie etwa eine Flöten-Uhr, geschnitzte Brienzer Stühle mit eingebauten Musikautomaten oder einen Vogelkäfig, dessen Insassen beim Aufziehen der Musikdose fröhlich zu zwitschern beginnen. Um diese klingende Welt zu erforschen, ist eine Führung erforderlich. Denn der Gang durch das Museum wird erst zum richtigen Erlebnis, wenn die Musikautomaten von fachmännischer Hand in Betrieb gesetzt, die Instrumente zum Klingen, die Karusselle zum Drehen und die Figuren zum Tanzen gebracht werden. Das geht ganz einfach: Man betritt das Museum, bezahlt den Eintritt und schliesst sich der gerade laufenden Führung an. Wenn die schon mitten in einem der insgesamt acht antiken Räume ist, macht das überhaupt nichts. Man ist einfach so lange dabei, bis man wieder an jenem Punkt ist, wo man begonnen hat. Auf Voranmeldung sind Führungen für Gruppen auch ausserhalb der Öffnungszeiten und sogar ausserhalb der Saison möglich.

Adresse Staatsstrasse 18, 3653 Oberhofen, Tel. 033/2434377, www.uhrenmuseum.ch | ÖV Bus 21 ab Thun bis Haltestelle Oberhofen Wichterheer, das Museum ist neben dem Eingang zum Fitnesspark | Anfahrt von Thun Richtung Gunten – Interlaken, Parkhaus auf der linken Seite ausgangs Dorf, das Museum ist schräg vis-à-vis | Öffnungszeiten Mai – Okt. Di – So 14 – 17 Uhr | Tipp Im Lädeli der Seidenfärberei Alchemilla findet man wunderschöne Stoffe, Schals und vieles mehr. www.alchemilla.ch

70 Der orientalische Rauchsalon

Warum es am Thunersee ein «Little Kairo» gibt

Nein, orientalische Architektur ist nicht gerade das, was man hinter diesen Mauern erwartet. In dem märchenhaften Schloss, das während vieler Jahre vor allem vom Thunersee aus wahrgenommen wurde. Nämlich dann, wenn man mit einem Schiff daran vorbeifuhr und den imposanten Bergfried, das malerische Seetürmchen und den gepflegten Park bestaunte. Das lohnt sich auch heute noch. Doch das Schloss Oberhofen hat auch ein interessantes Innenleben zu bieten. Der Rundgang führt über vier Stockwerke durch verschiedene Räume, die einst von den Schlossbesitzern bewohnt wurden. Ganz am Schluss, zuoberst im Bergfried, wartet der orientalische Rauchsalon. Er lässt einen den mühseligen Aufstieg sofort vergessen. Die mit Kelims bezogenen Diwane laden zum Verweilen ein, die Decken sind mit orientalischer Ornamentik geschmückt, die Wände mit geschnitztem Holz verkleidet. Und der Blick aus dem Fenster ist atemberaubend: vor den Augen der Niesen, zu den Füssen der Thunersee, in der Ferne die Berge mit dem ewigen Schnee.

Man kann sich lebhaft vorstellen, wie sich die Herren einst nach dem Essen hierher zurückgezogen haben, um Zigarren zu rauchen. Dass der Raum auf diese Weise ausgestattet ist, hat mit dem orientbegeisterten Albert Alexander de Pourtalès zu tun. Der neuenburgisch-preussische Graf erwarb das Schloss im Jahre 1844 und richtete es als Sommerresidenz für seine Familie ein. Er war für längere Zeit als Diplomat in Konstantinopel – dem heutigen Istanbul – tätig. Dort lernte er den Berner Architekten und Orientreisenden Theodor Zeerleder kennen und beauftragte diesen, den Rauchsalon zu gestalten. Zeerleder griff auf Skizzen zurück, die er von Wohnhäusern in Kairo erstellt hatte. So kam ein Stück Kairo an den Thunersee. Und die filigranen Schnitzarbeiten wurden nicht etwa im Orient angefertigt, sondern von den traditionsreichen Brienzer Schnitzern.

Adresse Schloss Oberhofen, 3653 Oberhofen, Tel. 033/2431235, www.schlossoberhofen.ch | ÖV Bus 21 ab Thun bis Haltestelle Oberhofen, Dorf | Anfahrt von Thun Richtung Gunten – Interlaken, das Schloss befindet sich auf der Seeseite | Öffnungszeiten Mai – Okt. | Tipp Im Schlossrestaurant direkt am See sollte man einen Kaffee trinken. www.restaurant-schlossoberhofen.ch.

71 Die Steinzeithöhlen

Schnurenloch, Mamilchloch und Zwergliloch

Zum Glück muss man sich nicht mehr vor den Höhlenbären fürchten, die einst in dieser Fluh mit dem Namen «Gsässgrind» gelebt haben. Doch der Besuch der Steinzeithöhlen ist auch ohne Bären abenteuerlich. Hat man den Aufstieg geschafft, liest man auf dem Wegweiser direkt unter der Fluh nicht nur «Schnurenloch 20 Minuten», sondern auch «Vorsicht». Letztere ist geboten, und wer nicht trittsicher und schwindelfrei ist, sollte auf das Schnurenloch und das Mamilchloch verzichten. Das Zwergliloch hingegen lässt sich gut erreichen. Die kleine Höhle, deren Form an einen Elefanten erinnert, lädt mit einem Picknicktisch und einer Grillstelle zum Verweilen ein.

Während 30 Jahren haben die drei Lehrerkollegen Walter Flükiger und David und Albert Andrist die Höhlen erforscht. Zwischen 1928 und 1941 entdeckten sie vor allem im Schnurenloch Knochen von Höhlenbären sowie drei Werkzeuge aus ortsfremdem Quarzit. Dies beweist, dass vor etwa 50.000 Jahren Neandertaler das Simmental durchstreift haben. Die Werkzeuge – es sind die ältesten von Menschenhand gefertigten, die je im Kanton Bern gefunden wurden – kann man im Historischen Museum in Bern besichtigen.

Doch auf ins Abenteuer jetzt! Der Weg zum Schnurenloch ist mit einem Seil gesichert und führt durch einen Tunnel, den man kletternd durchquert. Über eine ungesicherte Leiter gelangt man zum Eingang der 26 Meter langen Höhle. Nun fehlt nur noch das Mamilchloch, dessen Name von der weissen, an Mondmilch erinnernden Flüssigkeit kommt, die das Kalkgestein absondert. Auch hier gilt es, eine Leiter zu erklimmen, steiler als jene beim Schnurenloch, aber kürzer. Der Einstieg führt hinab auf eine kleine Plattform, wo man zum weiteren Erforschen der Höhle eine Beleuchtung mit Solarbetrieb einschalten kann. Später dann, wenn man wieder aus dem Berg steigt, ist man erleichtert und vielleicht auch ein bisschen stolz.

Adresse 3765 Oberwil im Simmental, Tourismusbüro Tel. 033/7831090, www.oberwil-simmental-tourismus.ch | **ÖV** mit dem Zug von Spiez nach Oberwil im Simmental, eine gute Stunde zu Fuss bis zum Einstieg des Höhlenpfades | **Anfahrt** Autobahn A 6, Verzweigung Lattigen Richtung Zweisimmen, bis Oberwil im Simmental, den Wegweisern Richtung «Höhlenpfad» folgen, beim Holzplatz parkieren, circa 30 Minuten zu Fuss bis zum Einstieg des Höhlenpfades (Wegweiser «Schnureloch»). | **Öffnungszeiten** Die Höhlen sind in schneefreien Zeiten zugänglich. Taschenlampe mitnehmen! | **Tipp** Das Werkzeug, das in den Steinzeithöhlen gefunden wurde, ist im Historischen Museum in Bern ausgestellt. www.bhm.ch

72__Der Alpkiosk

Das Lädeli auf dem Berggrat

Man sieht es schon von Weitem: Wenn die Fahne flattert, ist der Alpkiosk bedient. So kann man sich als Wanderer auf einen gemütlichen Halt mit Verpflegung und einem kleinen Schwatz freuen. Der Kiosk steht auf dem Grat des 1.959 Meter über Meer gelegenen Morgetenpasses, dem Übergang vom Gurnigelgebiet ins Simmental. Auf der Verkaufstheke des Holzhäuschens bietet die Familie Siegenthaler, die sommers die Alp Obriste Morgeten bewirtschaftet, Alpkäse, Ziegenkäse, Trockenwürste, Gebackenes, Kaffee und kalte Getränke an. Die Ware wird täglich im Rucksack von der Alp auf den Berggrat getragen. Es gibt regelrechte Stammkunden, Leute, die jedes Jahr eine Wanderung planen, um Siegenthalers Käse zu kaufen. Dieser ist vakuumverpackt und mit einem Datum versehen, eben ganz, wie es in einem Laden sein muss. Hansjürg Siegenthaler hat einen leicht verdrehten Baumstamm als Sitzbank hergerichtet. Und so kommt es, dass an schönen Tagen immer eine Handvoll Wanderer plaudernd und mit Bechern in der Hand rund um den Kiosk sitzt.

Doch nicht immer ist eitel Sonnenschein hier oben, das Wetter kann erbarmungslos sein. Vor ein paar Jahren riss ein Sturm den ganzen Kiosk weg. Siegenthalers beschlossen, ihn beim Wiederaufbau zu untermauern, sodass er nun solider steht. Ein guter Entscheid, denn schliesslich möchte man dieses Bijou nicht missen! Wer übrigens Siegenthalers «Sommerresidenz» sehen möchte, die Alp Obriste Morgeten, wandert zehn Minuten auf der Simmentaler Seite abwärts. Ein Abstecher, der sich lohnt, vor allem wenn man speisen möchte. Dann sitzt man hinter der einfachen Alphütte, geniesst die Aussicht, kostet die vorzügliche Rösti und schaut den Kühen, Ziegen, Schweinen und Hühnern zu. Am nahen Hang, dort, wo ein Weg zu der 1826 erbauten Hütte mit Gruppenunterkunft führt, pfeifen die Murmeltiere. Ja, vielleicht müsste man sich überlegen, hier mal ein Wochenende zu verbringen.

Adresse Morgetenpass (Übergang vom Gurnigelgebiet ins Simmental), Familie Hansjürg Siegenthaler, 3765 Oberwil im Simmental, Tel. 033/7831557 (Alp), Tel. 033/7832701 (Tal) oder Tel. 079/4870129, www.morgetenpass.ch | **ÖV** vom Simmental her: mit dem Zug von Spiez nach Oberwil im Simmental, circa 4,5 Stunden zu Fuss; vom Gurnigelgebiet her: mit dem Postauto von Thun Richtung Gurnigel bis Haltestelle Untere Gantrischhütte, circa 50 Minuten zu Fuss | **Anfahrt** vom Simmental her: Autobahn A 6, Verzweigung Lattigen Richtung Zweisimmen, bis Oberwil im Simmental, dort Richtung Morgeten (gebührenpflichtig!), parkieren bei Alp Mittlist Morgeten, dann circa 45 Minuten zu Fuss; vom Gurnigelgebiet her: Thun Richtung Gurnigel, weiter bis Parkplatz Untere Gantrischhütte, circa 50 Minuten zu Fuss | **Öffnungszeiten** circa Anfang Juni – Mitte Okt. | **Tipp** Noch eine Alp: Auf Mittlist Morgeten, circa 30 Gehminuten von Obriste Morgeten talwärts, gibt es unter anderem einen Hotpot und ein Molkebad. www.morgeten.ch

73 Der Alpen-Charme

Die Geschenkboutique im Wohnwagen

Welch ein zauberhafter Anblick! Vor dem stattlichen Simmentaler Haus steht ein von einem weissen Gartenzaun umfasster Wohnwagen. «Alpen-Charme mit Herz» ist in geschwungenen Lettern darauf geschrieben, und davor stehen Körbe mit Blumenarrangements, romantische Laternen und Hirsche aus Holz. An einem Gestell baumeln zarte Windlichter, rostige Herzen und Willkommen-Schilder. Geht man die drei Stufen hinauf und betritt den Wagen, findet man sich in einer Shabby-Chic-Welt wieder. Auf den weissen Regalen sind unter anderem Seifen, Karten, Tassen, Kerzen und Servietten drapiert. Hier findet man mit Sicherheit ein hübsches Geschenk.

Eingerichtet hat dieses kleine Paradies Ruth Fahrni-Kernen. Sie wuchs in Oey auf, hatte schon immer ein Flair fürs Kreative, aber erst spät den Mut, dies auszuleben. Nach jahrelanger Arbeit in Büros beschloss sie, ihren Traum von einem eigenen Laden mit schönen Dingen zum Schenken zu verwirklichen. Gemeinsam mit ihrem Mann Roby hatte sie die Idee, einen Wohnwagen vors Haus zu stellen. Im Internet stiess sie auf ein Occasion-Modell am Neuenburgersee. Die Fahrnis holten den Wohnwagen ab und brachten ihn in die Lastwagen-Garage der Eltern. Dort baute das Ehepaar Küche und Toilette aus, und ein befreundeter Zimmermann fügte Regale sowie einen neuen Boden ein. Schliesslich verpasste ein Carrosserie-Spengler dem Wohnwagen eine andere Farbe, und Ruth Fahrnis Mutter Heidi nähte Vorhänge. Fertig war das Bijou.

Seit Herbst 2014 steht es vor dem Haus, ist an 365 Tagen im Jahr offen und funktioniert mit Selbstbedienung. Die grossen und kleinen Blumenarrangements, die jeweils an die Jahreszeit angepasst sind, stellt Ruth Fahrni-Kernen eigenhändig her. Unterstützt wird sie dabei von ihrer Mutter. Und weil all die schönen Dinge Platz brauchen, findet man im ausgeschilderten «Schöpfli» hinter dem Haus weitere hübsche Geschenke im Landhaus-Stil.

Adresse Mühlematteweg 7, 3753 Oey, www.alpen-charme.ch | ÖV mit dem Zug von Thun über Spiez nach Oey, 5 Minuten zu Fuss | Anfahrt Autobahn A 6, Verzweigung Lattigen Richtung Zweisimmen, links ins Diemtigtal nach Oey abbiegen, Parkplätze vor dem Haus | Öffnungszeiten Mo–Sa 8–20 Uhr, So 9–20 Uhr | Tipp Vom Marktplatz in Oey aus kann man den Vogelweg Diemtigtal begehen. Infos unter www.diemtigtal.ch

74 Der Landgasthof Rohrmoos

Kulinarischer Genuss im Säumerhaus

Man kann es fast nicht übersehen, das behäbige Haus. Es thront am Fusse der Stockhornkette, sein Dach weist die typische Ründe alter Berner Bauernhäuser auf, die vielen kleinen Fenster sind von roten Geranien und der Garten von Buchs geziert. Tritt man ein, fühlt man sich gleich wohl, alles aus Holz, die Räume wirken wie Stuben, und geht man von einem zum nächsten, muss man gleichzeitig den Kopf einziehen und die Füsse über eine Schwelle heben. Eine Treppe führt auf eine Art Galerie, wo weitere Räume warten, mit zwei, drei oder vier Tischen. Im sogenannten Tête-à-Tête-Zimmer, von Kerzenlicht erhellt, steht nur ein einziger Tisch mit zwei Gedecken und ein einladendes antikes Sofa.

Das Haus wurde 1775 erbaut und diente in seiner ersten Zeit als Raststätte für Säumer, die vom Simmental her kamen. Die Tiere bekamen Hafer, Heu, Wasser und einen Unterstand, die Menschen eine warme Mahlzeit und einen Schlafplatz. Warme Mahlzeiten gibt es im Rohrmoos noch heute – und was für welche! Die Küche ist exzellent: Angeboten wird stets ein fünfgängiges Menu mit Varianten. Fleisch, Fisch und vegetarisch, alles ist mit regionalen und saisonalen Zutaten zubereitet und lässt sich nach Lust und Laune kombinieren.

Das Wirtepaar Christine und Beat Beyeler führt den Gasthof seit dem Jahr 2002 mit Leib und Seele. Beat Beyeler, gelernter Koch und diplomierter Küchenchef, bekam einst 16 Gault-Millau-Punkte für seine kulinarischen Kreationen. Und hätte er sich nicht freiwillig aus diesem «Punkte-Wettbewerb» verabschiedet, wäre das vermutlich noch heute so. Doch Punkte braucht es gar nicht: Denn ein Besuch im Rohrmoos ist nicht ein Schnell-etwas-essen-Gehen, nein, es ist ein kulinarisches Ereignis, für das man sich Zeit nehmen muss, um es in vollen Zügen zu geniessen. Mit andern Worten: ein Ess-Erlebnis, das man nicht so schnell wieder vergessen wird.

Adresse Rohrmoos, 3638 Pohlern, Tel. 033/3562434, www.gastgeberbeyeler.ch | **ÖV** mit dem Bus 3 von Thun Richtung Blumenstein bis Haltestelle Pohlern, Rohrmoos | **Anfahrt** von Thun über Amsoldingen oder von Bern über Wattenwil nach Pohlern (der Gasthof befindet sich etwas ausserhalb) | **Öffnungszeiten** Do–Sa ab 18 Uhr, So 10–15 Uhr, unbedingt Tisch reservieren | **Tipp** Die Kirche im nächsten Dorf Blumenstein wurde 1285 erbaut.

75 Das Velo-Museum

Leidenschaft auf zwei Rädern

Manchmal sagen die Leute im Dorf: «Grüessech, Frou Heku!» Das stört Lotti Kunz kein bisschen. Sie steht halt für das HEKU Velo-Museum, das sie vor ein paar Jahren mit ihrem inzwischen verstorbenen Mann Heinz ins Leben gerufen hat: Heinz Kunz, Heku eben. Sie führt das gemeinsame Werk mit Unterstützung ihrer Kinder weiter. Und wenn sie dann mit einem Schlüssel in der Hand vor einem hergeht und auf einen winzigen Schuppen zusteuert, fragt man sich einen Moment, was sie jetzt vorhat. Unmöglich, dass hier drin Fahrräder sind! Doch dann lüftet sich das Geheimnis. Lotti Kunz öffnet die Tür und bittet eine steile Treppe hinab in einen ehemaligen Luftschutzkeller.

Staunend betritt man ein dreiräumiges Reich mit gut 100 Fahrrädern aus diversen Epochen. Militär-, Briefträger- und Bäckervelos reihen sich aneinander, Hochräder, Dreiräder und Tandems. Ein solches steht gleich beim Eingang, und schon heisst es: Strampeln! Das Tandem wurde einst benutzt, um Strom für eine Notbeleuchtung zu erzeugen. In der Tat: Tritt man kräftig in die Pedale, beginnt nach einer Weile eine Lampe zu flackern, zuerst vage, dann immer entschlossener. Man findet in diesem Museum auch Klingeln, Nummern und Lichter, Letztere sogar in Form von Öl-, Karbid- und Kerzenlampen. Oder Spezielles wie einen Rockhalter, einen gestickten Sattel oder einen gehäkelten Speichenschutz.

Heinz Kunz entdeckte seine Liebe zum Velo, als er 1978 eine Schlosserei übernahm. Das Reparieren von Fahrrädern gehörte zu seinem Alltag, und irgendwann richtete er ein Velo, das niemand mehr wollte, her und stellte es ins Schaufenster. Als ihn ein Kunde auf ein Fahrradtreffen in Ulm aufmerksam machte, reisten die Kunzes mit dem antiken Velo hin und gewannen den ersten Preis. Damit begann das Sammelfieber. Fortan wurde jedes Fahrrad, das den Weg ins Kunz'sche Museum fand, sorgfältig restauriert und ist heute fahrtüchtig.

Adresse Lotti Kunz, Vijelimatte 281 F, 3766 Boltigen, Tel. 033/7736073 | **ÖV** mit dem Zug von Thun über Spiez nach Boltigen, mit dem Bus bis Haltestelle Boltigen, Reidenbach, das Museum ist gleich schräg vis-à-vis | **Anfahrt** Autobahn A 6, Verzweigung Lattigen Richtung Zweisimmen, bis Boltigen, Reidenbach, das Museum ist auf der linken Strassenseite | **Öffnungszeiten** jeden 1. Sa im Monat von 13–17 Uhr oder auf Anfrage | **Tipp** In Boltigen, Adlemsried, kann man auf Anmeldung den «Heilpflanzengarten Simmental» besichtigen: www.susannakrebs.ch.

76__Das Burgseeli

Ein idyllisches Naturstrandbad

Einst trug dieses hübsche Seelein den Namen Faulenseeli. Als der Fremdenverkehr einsetzte, fand man, das klinge zu wenig einladend, und taufte es auf Burgseeli um – passend zum Felsrücken Burg, der sich zwischen Burgseeli und Brienzersee erstreckt. Im Sommer lädt das von Schilf, Wiesen und Wald gesäumte Seelein mit warmen Temperaturen zum Baden ein. Es steht unter Naturschutz und bietet eine vielfältige Flora und Fauna. Hin und wieder sieht man Fische oder gar Schlangen und Krebse, was einen aber nicht vom Schwimmen abhalten sollte. Ja, es wird behauptet, das grünlich moorige, etwas trübe Wasser habe eine gute Wirkung auf die Haut.

Wie auch immer – die Stimmung am Seelein mit Naturstrandbad, Beizli und Feuerstelle ist familiär. Doch auch in der kühleren Jahreszeit ist es einen Besuch wert, ein abwechslungsreicher Weg, der nur für eine kurze Strecke die Strasse tangiert, führt rundherum. Dabei entdeckt man vielleicht den einen oder anderen kleinen Zufluss. Drei Rinnsale sind es, die das Seelein auf der Nordseite mit Wasser speisen. Die Erneuerung des Wassers geht deshalb langsam vor sich, und der Abfluss erfolgt durch unterirdische Felsspalten direkt in die Aare. Im Sommer kann das Wasser des Burgseelis bis zu 27 Grad warm werden, im Winter ist es aufgrund seiner geringen Tiefe – maximal 20 Meter – oftmals zugefroren.

Früher war das jedes Jahr der Fall, was die Brauereien von Interlaken zwecks Kühlung des Bieres dazu veranlasste, grosse Blöcke aus der Eisdecke des Seeleins zu sägen. Apropos Winter: Am Weihnachtsabend gibt es am Burgseeli eine schöne Tradition. Einst zündete ein Mann als Zeichen seiner Liebe zu einer Anwohnerin am Ufer viele Kerzen an. Die Freude des Liebespaares war gross, und fortan wiederholten die beiden diese Tradition. Mittlerweile sind zahlreiche Helfer am Werk, die das Burgseeli-Leuchten jeweils am Heiligabend veranstalten.

Adresse Naturstrandbad Burgseeli, 3852 Ringgenberg/Goldswil, Tel. 033/8221429, www.interlaken.ch | ÖV Bus 102 ab Interlaken Richtung Ringgenberg, Haltestelle Anhöhe-Burgseeli, wenige Meter zu Fuss zurück zum Burgseeli | Anfahrt Autobahnausfahrt Interlaken Ost, dann Richtung Goldswil-Ringgenberg, nach dem Burgseeli rechts zum Parkplatz | Öffnungszeiten Badi: Mai und Sept. täglich 11 – 19 Uhr, Juni – Aug. täglich 9 – 20 Uhr; das Burgseeli kann auch ausserhalb der Sommersaison besucht und umwandert werden. | Tipp Im historischen Dorfkern von Ringgenberg befindet sich die Burgkirche, eingebettet in die Ruine der Burg Ringgenberg, mit einer Aussichtsplattform.

77__Der Trödlermarkt

Ein altes Hotel voller Trouvaillen

Planen Sie am besten gleich ein paar Stunden ein. Denn aus diesem Haus kommen Sie nicht so schnell wieder hinaus. 50 Räume auf vier Stockwerken mit Secondhand-Artikeln erwarten Sie, ein Werkzeugzimmer etwa, ein Bauern-, ein Bücher-, ein Geschirr-, ein Militär-, ein Kinder- und ein Küchenzimmer. Von Bildern über Uhren, Kuhglocken, Velos, Porzellan, Korbsessel, Helme und Spiegel bis zu Fussballkästen findet man einfach alles. Kein kunterbuntes Durcheinander, nein, hier ist alles wohlgeordnet. Und dennoch stellt sich sofort dieses wunderbare Flohmarkt-Entdeckungs- und Überraschungsgefühl ein.

Das Gebäude wurde 1640 als «Pfarrhaus bei der Tormatte» gebaut. Doch in diesem Haus schien ein Gespenst zu wohnen, jedenfalls teilte der Pfarrer damals mit, er werde «beim Studium, besonders nächtens, dadurch behelligt». Der Pfarrer durfte umziehen, das alte Pfarrhaus wurde zum Kurhaus, später zum Parkhotel und heute zum Trödlermarkt.

Dieser wird von der Familie Steiner betrieben, die mit viel Herzblut am Werk und immer zu einem Schwatz aufgelegt ist. Die Steiners engagieren sich auch sozial, helfen Menschen beim Auf- und Ausräumen und beherbergen immer mal wieder Leute in den Hotelzimmern, die noch geblieben sind.

Es war 1989, als Madeleine Steiner mit ihrer Schwägerin eine Kinderkleiderbörse eröffnete. Die Kunden brachten nebst den Kleidern auch andere Waren – Geschirr, Lampen, Möbel –, und so kam es, dass die Frauen den Laden zu einem Flohmarkt erweiterten. Das Geschäft florierte, und nach Feierabend half auch Madeleines Mann Walter mit, der damals noch auf dem Flugplatz Interlaken arbeitete. Schliesslich machten die Steiners ihre Leidenschaft zum Vollzeitberuf und brauchten mehr Platz. Im Jahre 2000 kauften sie das Parkhotel, führten es zuerst als Hotel und wandelten es dann in den heutigen Trödlermarkt um. 2019 übergaben sie das Geschäft an die nächste Generation.

Adresse Trödlermarkt (Steiner's Second Hand Shop AG), Hauptstrasse 61, 3805 Goldswil, Tel. 079/4530163, www.troedlermarkt.ch | **ÖV** Bus 102 ab Interlaken Richtung Ringgenberg, Haltestelle Goldswil Parkhotel | **Anfahrt** Autobahnausfahrt Interlaken Ost, dann Richtung Goldswil-Ringgenberg. Der Trödlermarkt befindet sich auf der linken Strassenseite. | **Öffnungszeiten** Mo–Fr 13.30–18 Uhr, Sa 11–16 Uhr, So 11–16 Uhr | **Tipp** Gleich vis-à-vis des Trödlermarkts führt ein Weg in circa 10 Minuten zur Ruine Goldswil hinauf. Sie ist ein bedeutendes kulturhistorisches Denkmal.

78_Das Hotel Rosenlaui

Tourismusgeschichte in der kleinsten Ortschaft

Kein Wunder, dass hier so viele Künstler ins Schwärmen gerieten. Die wilde Schönheit des Rosenlauitals mit seinen Wiesen, Wäldern und Bächen, dem Gletscher und den Engelhörnern gab Anlass zu Gedichten und Gemälden. Und so stehen in den alten Gästebüchern des Hotels Rosenlaui Namen wie Goethe und Nietzsche.

Es war 1771, als ein Senn im Rosenlaui eine Schwefelquelle entdeckte. Seine Frau badete fortan ihre offenen Beine darin und erfuhr Heilung. Das sprach sich schnell herum, der Senn kaufte das Land und errichtete einfache Badehütten. Später wurde die Anlage erweitert, 1862 brannte sie ab und wurde als Kurhaus wieder aufgebaut.

1905 erweiterte der damalige Hotelier das Haus mit einem Belle-Époque-Bau. Während vielen Jahren gingen gut betuchte Gäste aus ganz Europa ein und aus. Das änderte sich auch nicht, als die Schwefelquelle 1914 verschüttet wurde. Doch mit dem Ausbruch des Zweiten Weltkriegs blieben die Gäste aus, und das Hotel geriet in Vergessenheit. Bis Ernst Kehrli, der Vater des heutigen Besitzers Andreas Kehrli, das Hotel 1960 erwarb.

Heute strahlt das Haus in altem Glanz. Man speist in Sälen mit zarten Tapeten und schreitet über knarrendes Parkett. Doch ein Luxushotel ist es nicht, das ist der Familie Kehrli wichtig: Die Gäste verzichten auf Smartphone und Co., und wie in alten Zeiten befinden sich die Duschen auf der Etage. Wer aber Ruhe sucht, ist hier, «in der kleinsten Ortschaft der Schweiz», wie es auf der Ortstafel heisst, bestens aufgehoben. Früher gehörte zum Hotel ein Postbüro, das einen eigenen Stempel besass. Für die Touristen gab es dort auch Postautobilletts, und die Älpler konnten Einzahlungen machen. Als das Postbüro aufgelöst wurde, kämpfte Andreas Kehrli für die Erhaltung des Stempels «3860 Rosenlaui» und stempelt noch heute Briefe damit. Und mit einer Postleitzahl und drei Einwohnern – den Kehrlis – darf man sich doch Ortschaft nennen, oder?

Adresse Hotel Rosenlaui, Familie Kehrli, 3860 Rosenlaui, Tel. 033/9712912, www.rosenlaui.ch | **ÖV** mit dem Zug von Thun über Interlaken nach Meiringen, mit dem Postauto nach Rosenlaui | **Anfahrt** von Thun über Interlaken nach Meiringen, weiter Richtung Innertkirchen, nach circa einem Kilometer rechts abbiegen, die Strasse ist gebührenpflichtig, Parkplatz circa 50 Meter nach dem Hotel | **Öffnungszeiten** circa Ende Mai – Mitte Okt. | **Tipp** In fünf Gehminuten vom Hotel Rosenlaui aus ist man beim Eingang der eindrücklichen Gletscherschlucht. www.rosenlauischlucht.ch

79 Die Säge Schwarzwaldalp

Wo Baumstämme mit Wasserkraft zerteilt werden

Es ist fast wie im Bilderbuch hier oben. Die Tore des alten Hauses stehen weit offen, aus dem Innern erklingt das rhythmische Geräusch einer Säge, auf der Seite rauscht der Bergbach, mit dessen Kraft das Wasserrad angetrieben wird. Der Besuch der alten Säge auf der Schwarzwaldalp ist wie das Eintreten in eine längst vergangene Zeit. Eine erste Säge wurde vermutlich ab 1800 betrieben. 100 Jahre später kaufte Ulrich Thöni von der Alpgenossenschaft Breitenboden Land zum Bau des Kurhauses Schwarzwaldalp. Um das Bauholz verarbeiten zu können, wurde die Säge in ihrer heutigen Grösse erstellt. Eine wichtige Rolle bekam sie wieder, als Ernst Thöni ein Nebengebäude des Kurhauses zum heutigen Hotel-Chalet Schwarzwaldalp umbauen liess. Zu diesem Zeitpunkt, im Jahre 1947, rüstete man die Säge mit einer Hobelmaschine aus. Sie ist heute die einzige Hobelmaschine in der Schweiz, die von einem Wasserrad angetrieben wird.

Es folgte eine Zeit, in der die Säge kaum mehr benutzt und fast vergessen wurde. Damit das nicht geschah, wurde 1997 die Stiftung «Pro Säge Schwarzwaldalp» gegründet. Die alte Säge wurde im Jahre 2000 renoviert und kann seither in der Sommersaison zu den Öffnungszeiten frei oder auf einer Führung besichtigt werden. Letzteres ist empfehlenswert, denn dabei ist viel Interessantes zu erfahren. Wie genau das Wasserrad mit dem Durchmesser von 3,4 Metern und den insgesamt 30 Schaufeln die Säge antreibt. Dass es fast eine halbe Stunde dauert, einen Baumstamm der Länge nach zu zersägen. Und dass sich das Wasserrad während des Sägens etwa 20 Mal pro Minute dreht.

Hinter dem Gebäude ist zu sehen, wie das Wasser aus dem Pfannibach in eine Fassung und bei Bedarf mit einem Schieber zum Wasserrad geleitet wird. Der Bach speist auch einen kleinen Fischteich, aus dem man früher Eisblöcke für die Lagerung von Speisen im gegenüberliegenden Kurhaus herausschnitt.

Adresse auf der Schwarzwaldalp, vis-à-vis des Chalet-Hotels Schwarzwaldalp, Anmeldung für Säge-Führungen: Tel. 033/9713515, www.saege-schwarzwaldalp.ch | ÖV mit dem Zug von Thun über Interlaken nach Meiringen, mit dem Postauto über Rosenlaui auf die Schwarzwaldalp | Anfahrt von Thun über Interlaken nach Meiringen, weiter Richtung Innertkirchen, nach circa einem Kilometer rechts abbiegen, Gebührenpflichtige Parkplätze auf der Schwarzwaldalp | Öffnungszeiten circa Ende Mai – Ende Okt. freie Besichtigung täglich 9.30 – 17 Uhr, Führungen (40 Minuten) nur auf Anmeldung | Tipp Mit dem Postauto kann man «Auf Goethes Spuren» von Meiringen durchs Rosenlauital über die Schwarzwaldalp und die Grosse Scheidegg bis nach Grindelwald fahren. www.postauto.ch

80 Das Museum

Glocken am Himmel und Hühner in der Küche

In einem Haus, dessen Himmel voller Glocken hängt, kann doch eigentlich nichts schiefgehen. Das darf man zu Recht denken, wenn man im Dachstock des Museums den Raum betritt, der sich den berühmten Saaner Schopfer-Glocken widmet. Sie wurden von 1819 bis 1922 gegossen, Kuhglocken zum Beispiel, Pferdegeläute und die Schulhausglocke, die einst die Kinder von Gstaad zum Unterricht rief.

Saanen liegt ein bisschen im Schatten seines mondänen Nachbars Gstaad. Schade eigentlich, denn es ist mit seinen vielen alten Häusern aus dunklem Holz ein äusserst schmuckes Dorf. Gemeinsam mit den Gemeinden Gsteig und Lauenen bildet es das Saanenland, das im Norden an den Kanton Freiburg grenzt, im Westen an den Kanton Waadt, im Süden an den Kanton Wallis und im Osten ins bernische Simmental übergeht. Eine interessante Gegend also, die eine ebensolche Geschichte hat. Und genau dieser widmet sich das «Museum der Landschaft Saanen».

Das nach dem Dorfbrand von 1575 wieder aufgebaute Haus sprüht nur so vor Charme. Mancherorts muss man den Kopf einziehen und über Schwellen steigen. Original eingerichtete Räume zeigen das Wohnen in früheren Zeiten, eine Rauchküche mit Speisekammer aus dem 18. Jahrhundert etwa. Da steht auch ein Hühnerkäfig, denn es war üblich, dass man das Federvieh im Winter mitsamt Verschlag in die warme Küche stellte. Weiter erhält man in einer Schuhmacherei Einblick in ein altes Handwerk und erfährt, dass die berühmte Saaner Ziege die «Kuh des armen Mannes» war. Ein sorgfältig gestalteter Schulraum präsentiert die Saaner als Schulpioniere. Die «freien offenen Schulen im Saanenland», so heisst es, seien bereits 1644 gegründet worden, «bevor die Regierung 1676 die allgemeine Landschulordnung erliess». Und auch der Tourismus wird beleuchtet. Er begann sich im Saanenland zu entwickeln, als im Jahre 1905 die Montreux-Berner Oberland-Bahn MOB eingeweiht wurde.

Adresse Dorfstrasse 62a, 3792 Saanen, Tel. 033/7447988, www.museum-saanen.ch | **ÖV** mit dem Zug von Thun über Spiez und Zweisimmen nach Saanen, circa 5 Minuten zum Museum am Dorfplatz | **Anfahrt** Autobahn A 6, Verzweigung Lattigen, dann über Zweisimmen nach Saanen, Parkplatz in der Nähe des Zentrums | **Öffnungszeiten** Mitte Mai – Mitte Okt. und Mitte Dez. – Ostern Do – So 14 – 17 Uhr, andere Zeiten und Führungen auf Anfrage | **Tipp** Es empfiehlt sich ein Besuch in der Kirche Saanen mit ihrem markanten Turm, der hölzernen Glockenstube und Wandmalereien aus dem 15. Jahrhundert. www.kirchesaanen.ch

81 Das Werk Saxeten

Ein Brückenschlag zwischen Stadt und Land

Saxeten liegt ein bisschen am Ende der Welt. Es ist allerdings ein schönes Ende: ein beschauliches Dorf mit knapp 100 Einwohnern, umgeben von traumhaften Bergen, Bächen, Weiden und Wäldern. Umso erstaunlicher, dass genau hier das Werk eines Berner Künstlers steht. Das kam so:

Als die Kantonale Steuerverwaltung ins alte Berner Frauenspital ziehen sollte, gab es einen Wettbewerb für eine künstlerische Intervention. Diese sollte den Leitgedanken der neu organisierten Verwaltung thematisieren, wie zum Beispiel «eine ganzheitliche Bearbeitung der Aufgaben». Der Berner Künstler George Steinmann hinterfragte die Aufgabe kritisch und befasste sich mit den Finanzflüssen des Kantons. Dabei stiess er auf Saxeten, eine der steuerschwächsten Gemeinden, besuchte diese und kam mit den Bewohnern ins Gespräch. Steinmann schlug vor, sein Kunstwerk nicht der Steuerverwaltung, sondern Saxeten zu schenken. Die Saxeter liessen sich begeistern, und das Projekt konnte gemeinsam mit Studenten der Burgdorfer Hochschule für Architektur, Bau und Holz von 2002 bis 2006 realisiert werden.

Das Werk Saxeten besteht aus drei Teilen. Der erste ist eine 19 Meter lange Fussgängerbrücke, die, 20 bis 30 Minuten vom Dorfkern entfernt, über den Saxetbach führt. Die markante Holzkonstruktion soll ein Symbol für den Brückenschlag zwischen Stadt und Land sein. Zudem erschliesst sie den Wanderweg, der 2005 durch Unwetter unterbrochen wurde, und birgt eine Trinkwasserleitung. Der zweite Teil ist eine Klause, die sich auf halbem Weg zur Brücke befindet. Wie die Brücke ist auch die Klause aus lokalem Lärchenholz vom Kleinen Rugen in Interlaken gefertigt und bietet Gelegenheit zur stillen Einkehr. Der dritte Teil ist in Form von Fotografien, die das Kunstwerk dokumentieren, in Bern zu finden. Diese «Verortung» ist im ehemaligen Berner Frauenspital untergebracht, dort, wo heute anstelle der Steuerverwaltung die Universität beherbergt ist.

Adresse auf dem Wanderweg dem Saxetbach entlang, 3813 Saxeten | **ÖV** mit dem Zug von Thun über Interlaken nach Wilderswil, mit dem Postauto nach Saxeten | **Anfahrt** von Thun über Interlaken nach Wilderswil, nach Hotel Heimat rechts abzweigen, schmale Strasse nach Saxeten, Parkplatz im Dorfkern | **Öffnungszeiten** ganzjährig, Wanderweg ab Dorfkern | **Tipp** In Saxeten gibt es zwei öffentliche Brätlistellen für gemütliche Picknicks. www.saxeten.ch

82 Der Blumenturm

Vom Alarmfeuer zum Aussichtsturm

Ursprünglich war der Hügel mit dem Namen Blueme zwischen Schwanden und Heiligenschwendi unbewaldet und von weither sichtbar. Das machte ihn zum Standort einer bedeutenden Hochwacht. Dieser sogenannte Chutzen bestand aus einem pyramidenförmigen Holzgerüst. Wurde das Holz, das darin steckte, abgebrannt, war das für die Bevölkerung ein Alarmsignal. Auf ein Feuerzeichen von Bern her, das via Chutzen auf dem Gurten, dem Belpberg und der Falkenfluh weitergeschickt wurde, waren die Schwandner an der Reihe, ihren Chutzen anzuzünden. Daraufhin versammelten sich die wehrfähigen Männer mit ihren Waffen auf dem Musterplatz in Sigriswil und zogen in die Schlacht. Das letzte Mal wurde das Chutzenfeuer auf der Blueme im Jahre 1798 entfacht, als die Berner im Grauholz gegen die Franzosen kämpften.

Im 19. Jahrhundert, als im Berner Oberland der Tourismus erblühte, wurde die Blueme zum Aussichtspunkt. Gut betuchte Gäste wurden in Sänften hochgetragen. Die Wirte transportierten Speisen, Getränke und eine Holzbühne mit Pferden auf die Blueme und veranstalteten Feste mit Tanz. Rund um die Blueme wurde Wald aufgeforstet, was die Rundsicht bald einmal einschränkte. Daraufhin bauten die Schwandner einen hölzernen Aussichtsturm, Anfang des 20. Jahrhunderts folgte einer aus Eisen. Als dieser in den 1970er Jahren baufällig wurde, war das für Theo Gyger Anlass, einen neuen zu planen. Der Dorflehrer, der mit seiner Frau das Tourismusbüro leitete, organisierte den Bau. 1984 wurde der neue Blumenturm, der mit 16 Metern doppelt so hoch wie der alte ist, eingeweiht.

Und noch immer lockt die Blueme mit ihrer herrlichen Aussicht. In ungefähr einer Stunde von Schwanden und in 45 Minuten von Heiligenschwendi aus, kann man auf den 1.400 Meter über Meer gelegenen Hügel emporwandern. Das Tüpfchen auf dem «i» ist natürlich der Aufstieg über die Gitterwendeltreppe auf den Turm: Der Panoramablick ist überwältigend.

Adresse Zwischen Schwanden und Heiligenschwendi, www.sigriswil-tourismus.ch | ÖV Start ab Schwanden: mit dem Bus Nr. 21 ab Thun bis Oberhofen Dorf, dann mit dem Bus Nr. 24 bis Schwanden Säge; Start ab Heiligenschwendi: mit dem Bus Nr. 31 oder 32 von Thun nach Heiligenschwendi, Haltestelle Reha Zentrum | Anfahrt von Thun Richtung Gunten – Interlaken, in Oberhofen Längenschachen Abzweigung Richtung Schwanden, Parkplätze bei der Säge; von Thun nach Heiligenschwendi, Parkplatz rechts nach dem Reha Zentrum | Öffnungszeiten idealerweise von Frühling bis Herbst | Tipp Beim Zurückwandern nach Heiligenschwendi oder Schwanden kann man in einer der Gaststätten ein Zvieri geniessen.

83 Die Sternwarte

Freie Sicht auf den Himmel

Irgendwie ist man den Sternen da oben einfach näher. Das kleine Dorf Schwanden liegt hoch über dem Thunersee und bietet einen herrlichen Blick auf den See und die Berge. Wenn es einnachtet, sollte man den Blick aber nach oben schweifen lassen, denn da lässt sich in klaren Nächten, weit weg von lichtverschmutzten Städten, ein grandioser Sternenhimmel betrachten.

Nicht von ungefähr wurden «die Sternwarte und das Planetarium Sirius» im Jahre 2000 unweit des Dorfkerns von Schwanden gebaut. Die Einrichtung, die von einer Stiftung betrieben und von der astronomischen Vereinigung Berner Oberland unterstützt wird, will den Besuchern das Sonnensystem, unsere kosmische Nachbarschaft, näherbringen. Dies geschieht unter anderem in Form von wöchentlichen Vorführungen. In der Sternwarte, die sich in der markanten Kuppel auf dem Dach befindet, kann man unter fachkundiger Anleitung durch das gewaltige Teleskop schauen. Mit etwas Glück erspäht man dabei bizarre Mondlandschaften, die vier «Galilcischen Monde» des Jupiters, den Saturn und dessen Ringe oder Millionen Lichtjahre entfernte Galaxien und kosmische Nebel. Ein sehr eindrückliches Erlebnis, das allerdings nur bei klarem Himmel möglich ist.

Wetterunabhängig ist hingegen der Besuch im Planetarium: Hier funkeln die Sterne immer. Sitzt man in diesem dunklen, runden Raum unter dem projizierten Sternenhimmel, fühlt man sich ein bisschen wie in einem Kino. Während einer einstündigen Vorführung mit Grossprojektoren bekommt man die Bewegungen der Himmelskörper erklärt und erhält einen kleinen Einblick in das Universum. Vielleicht hat man einiges davon in der Schulzeit schon einmal gehört, dann aber leider wieder vergessen. Wie auch immer – am Schluss der Vorführung ist man fest entschlossen, Sternbilder wie den Hund, den Fisch oder den Wagen baldmöglichst selbst am Himmel ausfindig zu machen.

Adresse Sternwarte und Planetarium Sirius, Schwandenstrasse 131, 3657 Schwanden ob Sigriswil, Tel. 033/2510244, www.sternwarte-planetarium.ch | ÖV mit dem Bus 21 ab Thun bis Oberhofen, Dorf, dann mit dem Bus 24 bis Schwanden Säge | Anfahrt mit dem Auto von Thun Richtung Gunten – Interlaken, in Oberhofen, Längenschachen Abzweigung Schwanden, den Wegweisern folgen | Öffnungszeiten Vorführung Planetarium jeden Fr 18 Uhr, Sternwarte winters ab 20 Uhr, sommers ab 21.30 beziehungsweise 22.30 Uhr (ausser an Feiertagen) oder auf Anfrage | Tipp Auf einem Rundweg von circa drei Stunden ab der Sternwarte Schwanden kann man den «Planetenweg Sirius» erwandern.

84 Der Alpengarten

Fast 800 Pflanzen auf 2.000 Metern über Meer

Manchmal staunen die Besucher aus fernen Ländern, dass der «Alpine Garden» kein üppiger Park voller Rosen und Lilien ist. Was sie bis anhin nicht wussten: Die Flora der Alpen ist zwar reichhaltig, doch sie gedeiht ganz anders als jene in niedrigeren und wärmeren Gebieten. Alpine Pflanzen müssen sich den oftmals harten Witterungsverhältnissen anpassen. Dies lässt viele von ihnen nur in bodennahem Mikroklima wachsen, nicht selten in fast verborgener Erscheinung. Mit andern Worten: Im Alpengarten muss man die Augen offen halten – dann aber wird man mit einer erstaunlichen Blütenvielfalt belohnt.

Fast 800 Pflanzen lassen sich hier, auf 2.000 Metern über Meer, in ihren natürlichen Pflanzengesellschaften bewundern. Da wuchert nicht Enzian neben Edelweiss und Alpenrose, auch wenn es noch so schön wäre, nein, da wachsen die Blumen in jener Umgebung, die ihnen auch «in freier Natur» entspräche. Die leuchtende Soldanelle im «Schneetäli» etwa, einer Mulde, wo der Schnee besonders lange liegen bleibt, und die strapazierfähige Pelzanemone in der «Windecke», dem ausgesetztesten Teil des Gartens. Die über 8.000 Quadratmeter sind in 15 beschriftete Bereiche eingeteilt, von der Kalkschutthalde über die Milchkrautweide bis zum alpinen Flachmoor.

Als der Alpengarten 1929 eröffnet wurde, war er der erste und einzige in der Schweiz. Von Anfang an diente er einerseits als Ausflugsziel, andererseits als Ort wissenschaftlicher Forschung. Letztere wird vom Institut für Pflanzenwissenschaften der Universität Bern betrieben. Bereits 1930 legte man eine Versuchsweide an, wo mit Eingriffen wie Mähen und Düngen experimentiert wurde. Heute widmet sich das sechsköpfige Gärtnerteam auch dem Sammeln von Samen, um weltweit zur Artenerhaltung beizutragen. Der Alpengarten kann – mit oder ohne Führung – auf einem Weg von etwa 700 Metern durchwandert werden.

Adresse Schynige Platte, Tel. 033/8287376, www.alpengarten.ch | **ÖV** mit dem Zug von Thun über Interlaken nach Wilderswil, Fahrt mit der historischen Schynige Platte-Zahnradbahn, der Alpengarten befindet sich gleich neben der Bergstation | **Anfahrt** von Thun über Interlaken nach Wilderswil, grosser Parkplatz vor dem Dorfeingang, dann wie bei ÖV beschrieben | **Öffnungszeiten** circa Juni – Okt. täglich 8.30 – 18 Uhr | **Tipp** Unternehmen Sie die kleine Wanderung zum schönen Aussichtspunkt Daube!

85 Die Grabenmühle

Wo Fischer- und Goldwäscher-Herzen höherschlagen

Sigriswil thront in herrlicher Lage hoch über dem Thunersee. Hat man die Aussicht genossen, kann man ihr für ein paar Stunden den Rücken kehren und ans Dorfende Richtung Schwanden pilgern. Denn dort, ziemlich weit hinten im Tal, ist ein Ort, der den Ansprüchen einer ganzen Familie gerecht werden kann: die Grabenmühle. Das schmucke alte Haus, das einst eine Mühle war, beherbergt ein kleines Museum mit der Geschichte des Ortes. Eine Sage erzählt, ein Erdrutsch habe die Mühle einst fortgerissen und ihre Bewohner begraben. Der Bruder des unglücklichen Müllers habe die Überbleibsel des Gebäudes eingesammelt und die «Mühle zu Gunten» errichtet. Wie auch immer es war – die Sigriswiler Bauern brachten bis 1900 ihr Korn zum Mahlen hierher. Später wurde die Mühle zu einem Bauernbetrieb, den der Vater des heutigen Besitzers Andreas von Gunten 1954 kaufte. Nach und nach schufen die von Guntens ein kleines Reich.

Es begann mit einem Hirschgehege – auch heute weiden nebst Alpakas, Ziegen und Minipigs noch Damhirsche in der Grabenmühle – und nahm seine Fortsetzung mit den Fischteichen. Ein Teil des Guntenbachs fliesst über das Wasserrad durch mehrere Becken mit Fischen. Diese – insbesondere die Grabenmühle-Forellen – werden aufgefüttert und auf Märkten und an Restaurants verkauft. Die Besucher können sich am grössten Teich selbst im Fischen versuchen. Die Umgebung ist im Wildwest-Stil gestaltet und birgt neben einem Kinderspielplatz auch eine Goldmine. In der Nagelfluh der Region und somit auch im Guntenbach sind tatsächlich Spuren von Gold zu finden. Nicht viel, aber immerhin. Um die Besucher zu beglücken, wird ein bisschen nachgeholfen und das Geschiebe des Bachs mit ein paar Goldflittern geimpft. Wer weder mit dem Fischen noch mit dem Goldwaschen etwas anfangen kann, setzt sich am besten in das Beizli neben der Mühle und blickt entspannt über diese erstaunliche kleine Welt.

Adresse Lukas Böss, Luki's Fisch GmbH, Grabenmühle 21, 3655 Sigriswil, Tel. 033/2510001, www.grabenmuehle.ch | ÖV mit dem Bus von Thun nach Sigriswil (Endstation), zu Fuss weiter Richtung Schwanden, links abzweigen (circa 20 Minuten) | Anfahrt von Thun bis nach Sigriswil, Richtung Schwanden, links zur Grabenmühle abzweigen, Parkplätze vor Ort | Öffnungszeiten Mitte März – Nov. Mi – So 9 – 18 Uhr | Tipp Beim Dorfeingang von Sigriswil befindet sich ein schönes Solebad mit herrlicher Aussicht. www.solbadhotel.ch

86 Die Panoramabrücke

Ein imposantes Bauwerk mit Weitblick

Es ist ein erhabenes Gefühl, über diese Hängebrücke zu gehen. Der Blick auf den Thunersee mitsamt dem Bergpanorama ist überwältigend. Und jener in die Tiefe, wo 182 Meter weiter unten die Gummischlucht liegt, ruft ein leises, wohlig schauerliches Kribbeln hervor. Die Panoramabrücke in Sigriswil lässt sich nicht mit einer herkömmlichen, wackeligen Hängebrücke vergleichen. Sie ist 340 Meter lang und stabil, hat einen feinmaschigen Boden und ein hohes Geländer. Schliesslich ist sie der tägliche Weg vieler Kinder, die von Aeschlen nach Sigriswil zur Schule gehen. Und auch wer sonntags in die Kirche will, tut dies via Panoramabrücke.

Am Anfang war die Idee, ohne Unterbruch rund um den Thunersee wandern zu können. Der Ingenieur Peter Dütschler präsentierte seine Vision 2006 in der Antrittsrede als Präsident von Thunersee Tourismus. Die Idee der Seeumrundung liess ihn nicht mehr los. An freien Wochenenden wanderte er mit seinem Hund durch das Gebiet und überlegte, was es für Möglichkeiten gäbe. Bald war ihm klar: Es braucht Hängebrücken. Zum Beispiel über die Gummischlucht zwischen Sigriswil und Aeschlen und über den Spissibach in Leissigen. Er besichtigte bereits bestehende Brücken, gründete einen Verein und trommelte Leute aus den Bereichen Architektur, Bautechnik und Naturschutz zusammen. Der Verein kontaktierte einen Ingenieur und liess eine Machbarkeitsstudie erstellen.

Nach langen Verhandlungen um Baugesuche und finanzielle Unterstützung wurde die Panoramabrücke in Leissigen 2011 eröffnet, jene in Sigriswil ein Jahr später. Da die Finanzierung mehrheitlich mit privaten Mitteln erfolgen musste, ist die Überquerung der Brücke gebührenpflichtig. Vor dem imposanten Bauwerk steht ein Ranger und gibt gerne Auskunft. Zum Beispiel, dass die Brücke Platz für maximal 1.500 Leute aufs Mal bietet. Und dass sie zu schwingen beginnt, sobald viele Menschen darauf unterwegs sind.

Adresse zwischen Sigriswil und Aeschlen, von Sigriswil aus Zugang über die Raftstrasse, www.brueckenweg.ch | **ÖV** mit dem Bus von Thun nach Sigriswil (Endstation), zu Fuss in Fahrtrichtung weiter, über grossen Parkplatz, wo sich ganz hinten die Brücke befindet | **Anfahrt** von Thun bis nach Sigriswil, im Dorfkern geradeaus bis zum grossen Parkplatz | **Öffnungszeiten** ganzjährig, rund um die Uhr, Gebühr 8 Franken pro Person | **Tipp** Rund um den Thunersee führt über 63 Kilometer ein Panorama-Wanderweg mit drei Hängebrücken. Nebst jener in Sigriswil gibt es je eine in Leissigen und Beatenberg.

87_Das Schafloch

Zwölf Minuten Dunkelheit

Dieser Ausflug ist kein Sonntagsspaziergang. Zwölf Minuten lang wandert man durch einen schmalen steinigen Tunnel mitten durch einen Berggrat. Oberstes Gebot: eine gute Taschenlampe dabeihaben! Der Aufstieg zu den Eingängen – ob von der Zettenalp oder vom Justistal her – ist landschaftlich grossartig, führt aber zum Teil über schwierige Passagen. Das Schafloch heisst so, weil in seiner Eingangshalle auf der Justistaler Seite die Schafe bei Hitze und Unwetter Schutz suchten. Heute ist der Zugang mit einem Zaun gesichert, über den eine Leiter führt.

In alten Zeiten rankten sich viele Sagen um das Schafloch. Bis eines Tages Guillaume Henri Dufour, später General im Sonderbundkrieg, von der unerforschten Höhle am Sigriswiler Rothorn hörte. Gemeinsam mit einigen Offizieren stieg er 1822 zum Schafloch empor. Sein Bericht in der «Bibliothèque Universelle» erregte Aufsehen, denn Dufour beschrieb eine imposante Eishöhle. «Dieser Saal ist riesig und schrecklich, aber wunderschön.» Daraufhin stieg das Interesse am Naturphänomen dieser Höhle, deren Eis auch im heissesten Sommer nicht schmolz.

Als der Zweite Weltkrieg ausbrach, suchte das Militär nach Höhlen für Reduits in den Bergen. Man beschloss, im Justistal auf der Höhe des Schaflochs einen Stollen durch den Berg zu schlagen. Zu beiden Eingängen wurde zudem eine einfache Seilbahn montiert. Nach diesem künstlichen Eingriff ging das Eis im Schafloch zurück und verschwand schliesslich ganz. Während drei Jahrzehnten galt das Schafloch als militärisches Sperrgebiet und war mit Eisentüren verriegelt. Erst 1980 wurde es der Gemeinde Sigriswil zurückgegeben. Das ist eine bewegte Geschichte, die einen die eigene Bange beim Durchschreiten des Schaflochs etwas vergessen lässt. Und doch ist man erleichtert, wenn man – von der Zettenalpseite her kommend – am Ende des Tunnels einen winzigen Lichtpunkt sieht.

Adresse Sigriswiler Rothorn, zugänglich von der Zettenalp oder vom Justistal her, www.map.geo.admin.ch | **ÖV** (von der Zettenalpseite her): mit dem Bus nach Schwanden bis Haltestelle Schwanden, Säge, knapp 2 Stunden Fussmarsch über Dünzenegg auf die Zettenalp, von dort aus circa 35 Minuten zum Schafloch; oder gut 1,5 Stunden Fussmarsch über Stampf, obere Matte auf die Zettenalp, von dort aus circa 30 Minuten zum Schafloch | **Anfahrt** von Thun bis nach Schwanden, Säge; Auto parken und wie bei ÖV weiter | **Öffnungszeiten** In schneefreien Zeiten. Achtung, die Begehung des Schaflochs erfolgt auf eigene Gefahr! Eine starke Taschenlampe und gutes Schuhwerk sind erforderlich! | **Tipp** Das eindrückliche Justistal lässt sich erwandern. Von circa Mitte September bis Mitte Oktober hört man dort die Hirsche röhren. Geführte Touren: www.sigriswil-tourismus.ch.

88 Das Aquädukt

Die Römer, nein, die Zürcher lassen grüssen

Im alten Rom wurde das Trinkwasser über Aquädukte in die Städte geleitet. Deshalb staunt man nicht schlecht, wenn man vor dem Aquädukt zwischen Spiez und Wimmis steht. Haben die Römer dieses 286 Meter lange, die Kander überspannende Werk gebaut? Nein, es waren die Zürcher. Doch beginnen wir von vorn. Es ist gar nicht so einfach, dieses Bauwerk überhaupt zu finden. Am besten macht man es so: Von Spiez Richtung Wimmis fahren, in einer grossen Linkskurve rechts Richtung Biomassezentrum abbiegen, gleich danach auf der linken Seite parken. Folgt man fünf bis zehn Minuten zu Fuss dem breiten Waldweg, steht man plötzlich unter dem Aquädukt. Ein Pfad führt direkt unter den Bogen hindurch zur Kander, wo man schmale Durchgänge zum steinigen Ufer findet.

Entstanden ist das imposante Bauwerk 1908. Das ursprüngliche Kanderwehr bei Hondrich, das in den Jahren 1897 bis 1899 gebaut wurde, lieferte Energie für die Umgebung, für die Stadt Bern und für die BTB, die erste elektrische Normalspurbahn der Schweiz von Burgdorf nach Thun. Mitunter reichte aber das angestaute Wasser der Kander nicht mehr, und so beschloss man, auch das Wasser der Simme zu nutzen. Die vereinigten Kander- und Hagneckwerke – die Vorgänger der heutigen BKW – schrieben einen Architekturwettbewerb aus. Man wählte aus ästhetischen Gründen das Modell des Zürcher Unternehmens «Müller, Zeerleder & Gobat»: ein Aquädukt aus Beton, über das ein Kanal aus armiertem Beton führt.

Die Spannweite des Brückenbogens über den Fluss beträgt 28 Meter, landseitig daneben befinden sich je 13 kleinere Bogen von acht Metern Durchmesser. Das Wasser wird über mehrere Stollen und das Aquädukt in den Spiezmoosweiher geleitet. Von dort aus gelangt es über eine Druckleitung zu den 65 Meter tiefer gelegenen Turbinen beim Kraftwerk am Thunersee und treibt diese mit der Energie an, die durch den Höhenunterschied entsteht.

Adresse an der Kander zwischen Spiez und Wimmis | ÖV Bus ab Spiez bis Haltestelle Spiezwiler Schulhaus, zu Fuss circa 10 Minuten der Strasse Richtung Wimmis folgen, beim Schild Biomassezentrum rechts abbiegen | Anfahrt von Spiez auf der Hauptstrasse Richtung Wimmis, beim Schild Biomassezentrum rechts abbiegen, wenige Parkplätze an der Strasse (dann Weg wie im Text beschrieben) | Öffnungszeiten ganzjährig | Tipp Geniessen Sie ein Picknick am breiten steinigen Kanderufer. Aber Vorsicht, der Wasserstand kann plötzlich ansteigen!

89 Der Bacchus im Schloss

Venedig ist auf Wasser gebaut, Bern aber auf Wein

Es müssen rauschende Feste gewesen sein, die hier gefeiert wurden. Kommt man auf dem Schlossrundgang in den prachtvollen Festsaal, meint man, die Musik noch zu hören, das Klirren der Gläser, das Rascheln der Kleider. Der helle Stuck an Diele und Wänden mutet italienisch an, und in der Tat waren im Jahre 1614 Stuckateure aus dem Tessin am Werk. Den Auftrag dazu gab Franz Ludwig von Erlach (1575–1651), ein Berner Patrizier und Diplomat, der mehrere Schlösser besass, unter anderem jene in Oberhofen, Schadau und Bümpliz. Das Schloss Spiez war für ihn und seine vielköpfige Familie – er zeugte mit zwei Ehefrauen um die 35 Kinder – eine Sommerresidenz. Er legte Wert auf einen prächtigen Innenausbau, und so erzählen die Stuckaturen im Festsaal ganze Geschichten, jene von Susanna und Daniel etwa oder die Legende vom verlorenen Sohn. Es ist eine Baukunst, wie sie fast nur in Kirchen vorkommt, und so gilt der Spiezer Festsaal in der Schweiz als kunsthistorisches Unikat.

Auch Götter sind im Stuck zu entdecken, Poseidon etwa, Mars, Venus und Bacchus. Der Gott des Weins thront rechts oben im Erker, in der einen Hand hält er Trauben, in der anderen einen Kelch. «Venedig ist auf Wasser gebaut», hiess es früher, «Bern aber auf Wein.» Zu jener Zeit galt Wein als Grundnahrungsmittel und wurde in rauen Mengen konsumiert. Oftmals dienten die sogenannten Brotweine dazu, dem hungernden Volk Kalorien zu verabreichen. Der Rebbau am Thunersee wurde erstmals im Jahre 994 erwähnt, eine Zeit, in der das Schloss vermutlich noch eine Burg aus Holz war. Heute gilt der Wein als edler Tropfen und wird von der Rebbaugenossenschaft im Schlosskeller gekeltert. Auf knapp der Hälfte des Spiezer Rebberges werden Riesling-Sylvaner-Trauben angebaut. Diese Sorte benötigt von der Blüte bis zur Ernte nicht viel Zeit und eignet sich deshalb bestens für einen Rebberg in voralpiner Lage.

Adresse Schlossstrasse 16, 3700 Spiez, Tel. 033/6541506, www.schloss-spiez.ch | ÖV mit dem Zug von Thun nach Spiez, mit dem Ortsbus Richtung Schiffstation bis Haltestelle Parkplatz Regez, dann 3 Minuten zu Fuss | Anfahrt A 6 von Thun nach Spiez, durchs Dorf, beim Kreisel links Richtung Schiffstation, den Wegweisern folgen, Parkplätze beim Schloss | Öffnungszeiten 1. Mai – 31. Okt. Mo 14 – 17 Uhr, Di – So 10 – 17 Uhr, Juli, Aug. bis 18 Uhr | Tipp Der Spiezer Wein ist im Schlosscafé, im Museumsshop sowie bei der Rebbau-Genossenschaft an der Schlossstrasse 8 erhältlich. Dort gibt es auf Anmeldung auch Degustationen und Führungen. www.rebbau-spiez.ch

90 Die Trümmelbachfälle

Zehn Wasserfälle auf einen Schlag

Das Lauterbrunnental gilt als «Tal der 72 Wasserfälle». Nur – welchen soll man wählen? Den auffälligen Staubbachfall, der Goethe 1779 zum Gedicht «Gesang der Geister über den Wassern» inspirierte? Den Mürrenbachfall, der mit mehr als 400 Metern der höchste Wasserfall der Schweiz ist? Nehmen wir die Trümmelbachfälle – das sind zehn auf einen Schlag und zudem die einzigen unterirdisch zugänglichen Gletscherwasserfälle Europas. In dieser Schlucht, die eher wie eine Höhle anmutet, stürzt der Bach in zehn Kaskaden 140 Meter in die Tiefe. Ein Schräglift führt im Tunnel empor, dann geht die Reise zu Fuss weiter, über verwinkelte Treppen und Galerien. Und plötzlich ist man im tosenden Innern des Berges. Spürt die urtümliche Kraft der Natur, sieht, wie sich das Wasser über Jahrtausende hinweg seinen Weg gebahnt und Formen in den Stein gefressen hat.

Der Trümmelbach, der im «Bundesinventar der Landschaften und Naturdenkmäler von nationaler Bedeutung» aufgeführt ist, entwässert die Gletscherwände von Eiger, Mönch und Jungfrau. Jährlich befördert er mehr als 20.000 Tonnen Geschiebe aus seinem Einzugsgebiet, das 24 Quadratkilometer misst und zur Hälfte mit Schnee und Eis bedeckt ist. So kommt es, dass pro Sekunde gegen 20.000 Liter Wasser donnernd durch die Schlucht schiessen. Dies alles lässt einen zwischen Faszination und Unbehagen schwanken. Wie auch immer – wenn man die unterirdische Welt wieder verlässt, empfindet man die Umgebung auf einmal als extrem hell und ruhig.

Bei der Rückreise sucht man dann die Wände des Lauterbrunnentals nach den restlichen 60 Wasserfällen ab. Dabei besteht die Chance, dass man einen Gleitschirmflieger sieht – für sie und vor allem für die waghalsigen Basejumper ist dieses u-förmige Tal ein Mekka. Jedem das Seine: Den Schriftsteller J. R. R. Tolkien soll es zum Bruchtal in seinem weltberühmten Roman «Herr der Ringe» inspiriert haben.

Adresse Trümmelbach, 3824 Stechelberg, Tel. 033/8553232, www.truemmelbachfaelle.ch | ÖV mit dem Zug von Thun über Interlaken nach Lauterbrunnen, mit dem Bus Richtung Stechelberg bis Haltestelle Trümmelbach | Anfahrt von Thun über Interlaken nach Lauterbrunnen, durchs Dorf und noch circa 3 Kilometer Richtung Stechelberg | Öffnungszeiten Anfang April – Anfang Nov. täglich 9 – 17 Uhr, Juli, Aug. 8.30 – 18 Uhr, Zutritt für Kinder ab 4 Jahren | Tipp In circa drei Stunden kann man von Lauterbrunnen nach Stechelberg durch das Tal der 72 Wasserfälle wandern.

91__Das Berggasthaus

Wo der Bergwerk-Direktor wohnte

Unter einem Berggasthaus stellt man sich etwas anderes vor. Etwas Chaletähnliches vielleicht. Doch dann hat man auf einmal die Fassade eines stattlichen Hauses vor sich. Der Grund für das Erscheinungsbild des Gebäudes: Es war das Direktorenhaus, als hier noch Bleiglanz abgebaut und daraus Blei und Silber gewonnen wurde. Und schon ist man mitten in einem Teil der Geschichte des hinteren Lauterbrunnentals.

Doch beginnen wir mit dem Aufstieg. Dieser gestaltet sich ausgesprochen schön, führt in 50 Minuten von Stechelberg empor, durch ein von Wiesen, Wäldern und schroffen Felswänden gesäumtes Tal. Das Berggasthaus Trachsellauenen thront auf einer kleinen Ebene vor der Kulisse des Breithorns. Von der anderen Seite her sieht das Haus schon eher wie das klassische Beizli aus: eine dunkle Holzfassade, Tische und Stühle unter einem grossen Baum. Priska Zurbuchen und ihr Team bewirten ihre Gäste mit Speisen wie selbstgemachten Suppen und Früchtekuchen. Auch Zimmer zum Übernachten gibt es hier.

Doch wie war das mit dem Direktor? In diesem Gebiet wurde seit dem Mittelalter Erz abgebaut: silber-, blei- und eisenhaltiges Gestein. In der Krise des Dreissigjährigen Kriegs trieb Bern den Abbau voran. Ab 1638 gab es sogar eine Bergwerksdirektion, die in den späteren Jahren im heutigen Berggasthaus residierte. Das Erz wurde in 18 Stollen abgebaut und anschliessend zur Verhüttung – also zur Verarbeitung – ins Schmelzhaus gebracht. Die Stollen hatten Namen wie «Gute Hoffnung» und «Beschertes Glück». Doch leider war die Hoffnung grösser als das Glück. Aufwand und Ertrag stimmten nicht überein, und die Anlage wurde 1805 geschlossen. Die Überreste des ehemaligen Schmelzhauses sind zehn Minuten vom Berggasthaus Trachsellauenen entfernt zu besichtigen. Die Fundamente des Gebäudes wurden saniert, und auf einer Infotafel ist zu lesen, wie der Erzabbau einst vonstattenging.

Adresse auf dem Weg zum Breithorn, oberhalb von Stechelberg, 3824 Stechelberg, Tel. 033/8551235, info@trachsellauenen.ch, www.stechelberg.ch | **ÖV** mit dem Zug von Thun über Interlaken nach Lauterbrunnen, mit dem Bus nach Stechelberg, dann circa 50 Minuten zu Fuss | **Anfahrt** von Thun über Interlaken und Lauterbrunnen nach Stechelberg, dann wie bei ÖV beschrieben | **Öffnungszeiten** Mitte Mai–Mitte Okt. | **Tipp** Wandert man circa zwei Stunden weiter, erreicht man das romantische Kerzenlichthotel Obersteinberg auf 1.778 Meter über Meer.

92 Das King of Pop Museum

Ein Gewölbekeller für Michael Jackson

Es ist verblüffend, hier auf Michael Jackson zu treffen. In Steffisburg, diesem grossen Dorf, das auf der einen Seite mit Thun zusammengewachsen ist und auf der anderen direkt ins Ländliche mündet. Seit 2009, dem Todesjahr des berühmten Musikers, beherbergt das Restaurant «Brasserie 98» in seinem Gewölbekeller das King of Pop Museum. Für Jacko-Fans ein Muss, für alle anderen eine glitzernde Überraschung.

Bereits beim Eingang im hinteren, von gerahmten goldenen Schallplatten gesäumten Teil des Restaurants prangt der Popkönig in Lebensgrösse an der Tür. Eine leuchtend rote Treppe führt hinunter in Richtung «Neverland», und nach einer scharfen Rechtskurve ist der Blick frei auf eine zweiräumige Michael-Jackson-Welt. Weitere goldene Schallplatten, einige aus Platin, Sticker, barbieähnliche Puppen, uniformartige Jacken, Glitzerhandschuhe, Hüte und Bücher. Und ein paar Unikate: eine handgeschriebene Notiz an Diana Ross etwa, Jackos Teddybär und die Verträge für das «We Are The World»-Projekt. Doch wie kommt das alles in diesen Keller? Stephan Linder, Geschäftsleiter der «Brasserie 98» und Betreiber des Museums, hört die Frage oft: «Wir haben die Ausstellungsobjekte von einem leidenschaftlichen Sammler übernehmen können.» Es komme aber auch immer wieder Neues dazu, zum Beispiel die barbieähnlichen Puppen oder ein riesiger Bildband, den eine Frau auf ihrem Estrich gefunden habe. Neben diesem liegt ein weisser Handschuh, damit das Buch beim Durchblättern geschont wird. Die meisten Besucher meinten, das sei ein original Jackson-Handschuh, sagt Linder und lacht. «Ist es aber nicht.»

Taucht man aus der Glitzerwelt wieder auf, setzt man sich in die Gaststube, trinkt oder isst etwas – die «Brasserie 98» ist bekannt für ihre traditionell-währschafte Küche – und plaudert mit den Wirtsleuten. Wie das in einem Dorf eben ist. Weltstar Michael Jackson hin oder her.

Adresse Restaurant Brasserie 98, Oberdorfstrasse 15, 3612 Steffisburg, Tel. 033/4372040, www.brasserie98.ch | **ÖV** Bus 1 ab Thun Richtung Steffisburg bis Haltestelle Steffisburg, Dorf | **Anfahrt** Autobahnausfahrt Thun Nord Richtung Steffisburg | **Öffnungszeiten** Museum: Di–Sa 18–22 Uhr oder auf Anfrage, Restaurant: Di–Do 8.30–23 Uhr, Fr und Sa 8.30–23.30 Uhr | **Tipp** Von Steffisburg aus gelangt man mit Bus oder Auto in circa 30 Minuten ins Eriz, ein schönes Tal zum Wandern. Winters ein kleines Ski- und Langlaufgebiet (www.eriz.ch).

93 Die St. Beatus-Höhlen

1.000 Meter in den Berg hinein

Einer der Ersten, die sich tiefer in diese Höhle wagten, war der Brienzer Kunstmaler Johann Stähli. 1814 drang er 200 Meter bis zu einer engen Stelle vor. Erst 1848 wurde ein zweiter Versuch unternommen, und zwar von Johann Knechtenhofer, dem ersten Dampfschiffkapitän auf dem Thunersee. Er passierte die enge Stelle, die Stähli einst zur Umkehr zwang, und erreichte eine Grotte, die heute «Kapitänsgrotte» heisst.

1903 machte sich auch Hermann Hartmann auf, der Direktor des Verkehrsvereins Berner Oberland, und gelangte, zeitweise auf dem Bauch kriechend, in die erste Grotte. Bald darauf beschloss man, das Naturwunder, das durch unterirdische Erosion im Kreidekalk entstanden war, der Öffentlichkeit zugänglich zu machen. Heute führt ein beleuchteter Weg 1.000 Meter in den Berg hinein, den rauschenden Höhlenbach entlang, an markanten Tropfsteingebilden und Grottenteichen, die so glatt wie Spiegel daliegen, vorbei. Die St. Beatus-Höhlen sind Teil eines Höhlensystems, das insgesamt fast 12.000 Meter misst.

Nach einer Legende trieb hier einst ein Drache sein Unwesen. Im 2. Jahrhundert gelang es dem heiligen Beatus, den Drachen zu vertreiben. Der irische Wandermönch liess sich im Eingangsbereich der Höhle nieder, um der heidnischen Bevölkerung das Christentum zu verkünden. Das Kloster Interlaken machte sich diese Legende zunutze und errichtete ein Kirchlein mit Pilgerherberge. Während der Reformation wurden die Gebäude aber zerstört und die Beatus-Klause zugemauert.

Trotzdem – oder gerade deshalb – wurde die Klause in den folgenden Jahren zum Wallfahrtsort. Dann geriet sie in Vergessenheit und erwachte erst wieder zu neuem Leben, als immer mehr Kunstmaler, Naturforscher und Reisende den Weg ins Berner Oberland fanden. Interessantes über die Geschichte und die Geologie der Höhle gibt es im kleinen Museum auf halbem Weg zum Eingang zu erfahren.

Adresse St. Beatus-Höhlen, 3800 Sundlauenen, Tel. 033/8411643, www.beatushoehlen.swiss | ÖV mit dem Bus von Thun oder Interlaken her bis Haltestelle Beatushöhlen, 10-minütiger Aufstieg bis zum Eingang | Anfahrt von Thun über Gunten oder Interlaken her, Parkplatz an der Strasse oder weiter oben, 10-minütiger Aufstieg bis zum Eingang | Öffnungszeiten täglich 1. April – 31. Okt., Öffnungszeiten im Winter auf der Website | Tipp Mit dem Sagenwanderer Andreas Sommer ist der Besuch der St. Beatus-Höhlen bei Kerzenlicht ein ganz besonderes Erlebnis: www.animahelvetia.ch.

94_Die Blümlisalp

Der Raddampfer, der eine Volksabstimmung auslöste

Man kann sich ihr einfach nicht entziehen. Ob man sie vom Ufer aus majestätisch vorbeigleiten sieht oder ob man sich eine Fahrt mit ihr gönnt: Die Blümlisalp ist der letzte Raddampfer auf dem Thunersee. Eben ist sie auf die abendliche Rundfahrt gestartet. Aus dem Maschinenraum dröhnt und stampft es, die blitzblanken Stangen schieben sich hin und her, in der Luft hängt der Geruch von Maschinenöl. Die Fahrt mit der «Blüemlere», wie sie die Einheimischen nennen, ist ein Fest für die Sinne.

Fast wäre das stolze Schiff verschrottet worden. Zuvor hatte es glanzvolle Zeiten erlebt, die ab 1906 begannen, als die Dampfschiffgesellschaft für den Thuner- und Brienzersee bei der Firma Escher Wyss in Zürich einen Salondampfer bestellte. Das neue Thunersee-Schiff bekam den Namen eines Berner Oberländer Berges und war gemeinsam mit vier weiteren Dampfern im Einsatz. Als die Motorschiffe Einzug hielten, wurden die vier Dampfer ausrangiert. 1969 beschloss der Verwaltungsrat der BLS dasselbe für die Blümlisalp. Zwei Jahre später fand ihre letzte Fahrt statt, dann wurde das Schiff im Kanderdelta abgestellt, wo es vor sich hin rostete.

Doch in der Bevölkerung regte sich Widerstand: Im Jahre 1973 wurde der Verein «Freunde des Thunersee-Dampfschiffs Blümlisalp» gegründet, der später durch die «Genossenschaft Vaporama» abgelöst wurde. 1988 kam eine kantonale Initiative für die Rettung des Raddampfers Blümlisalp zustande, die mit mehr als 40.000 Unterschriften eingereicht und in der Volksabstimmung deutlich angenommen wurde.

Das Schiff ging unentgeltlich von der BLS in den Besitz der Genossenschaft Vaporama über. Diese konnte mit Spendengeldern im Kanderdelta ein provisorisches Trockendock bauen, wo die Blümlisalp während fast drei Jahren restauriert wurde. 1992 war es so weit: Der alte Salondampfer, der heute wieder der BLS Schifffahrt AG gehört, erstrahlte in neuem Glanz und stach in den See.

Adresse Schiffstation, 3600 Thun, Kontakt über BLS Schifffahrt AG, Lachenweg 19, Tel. 058/3274811, www.bls-schiff.ch | **ÖV** die Schiffstation befindet sich neben dem Bahnhof Thun | **Anfahrt** Parkplatz beim Bahnhof Thun | **Öffnungszeiten** Frühling–Herbst, Fahrplan beachten | **Tipp** Gegenüber der Schiffstation Thun geht es zum Kleist-Inseli, wo der deutsche Dichter für zwei Monate lebte und unter anderem an «Der zerbrochene Krug» arbeitete.

95 Das Flechtmuseum

Wo es eine Freude ist, einen Korb zu bekommen

Das Flechten ist Therese Leutwylers Passion. Das spürt man beim Rundgang durch ihren Laden, die Werkstatt, die Flecht-Brocki und das kleine Museum. Hier erwarten einen gut 500 geflochtene Objekte, Reisekörbe, Postkörbe, Bienenkörbe, Koffer, Schachteln, Hüte, Schuhe, Löffel, Kinderwagen und Lampenschirme – eine Fülle von Besonderheiten.

2005 hat Therese Leutwyler das Flechtmuseum in einem Lagerraum direkt neben ihrem Atelier eröffnet, das erste und in dieser Art einzige der Schweiz. «Ich möchte auf das selten gewordene Handwerk aufmerksam machen», sagt die Frau, die im Haus ihrer Eltern und Grosseltern lebt und das Korbflechten in dritter Generation betreibt. Im Museum sind einerseits Objekte aus dem 100-jährigen Familienbetrieb ausgestellt, andererseits aus der ganzen Welt. Da gibt es viele Geschichten, die Therese Leutwyler gern erzählt, jene des afrikanischen Flaschenkorbs etwa, jene des Munitionskorbs aus dem Zweiten Weltkrieg oder jene des kleinsten Körbchens der Welt. Letzteres – gerade mal zehn auf zwölf Millimeter gross und hergestellt vom deutschen Korbflechter Waldemar Backert – ist ihr besonderer Stolz.

Auf Führungen zeigt sie ihr Atelier und gibt Einblick in das Handwerk. Dabei erklärt sie, wie die Weiden vor dem Flechten eingeweicht werden oder wie man mit dem Biegeeisen krumme Weiden gerade macht. Eine Treppe weiter oben befindet sich die Flecht-Brocki, wo man mit etwas Glück günstige Einzelstücke findet. Die Hauptarbeit der Korbflechterin besteht aus Massanfertigungen und Reparaturen, vor allem aus dem Bespannen geflochtener Sitzflächen alter Stühle. Am liebsten sind ihr aber die besonderen Wünsche ihrer Kunden. Einmal hat eine Frau einen präzis passenden Velokorb bestellt, eine andere ein doppelstöckiges Hundebett und das Stadttheater Bern einen Vogelfängerkorb. Ja, bei Therese Leutwyler ist es ein Vergnügen, einen Korb zu bekommen.

Adresse Neufeldstrasse 6, 3604 Thun, Tel. 033/3363268, www.flechtereien.ch | **ÖV** Bus 2 ab Thun Bahnhof Richtung Schorenfriedhof, Haltestelle Neufeld, rechts einbiegen, eine Minute zu Fuss | **Anfahrt** von Thun Richtung Neufeld-Quartier, beim Schulstrasse-Kreisel rechts, zwei Parkplätze vor dem Haus | **Öffnungszeiten** Laden und Brockenstube: Mo, Di, Do, Fr 8–12 und 14–18 Uhr; Museum: April–Okt. an jedem 4. Wochenende von 13–17 Uhr oder auf Anfrage; auf Wunsch werden auch Führungen angeboten | **Tipp** Fünf Gehminuten vom Flechtmuseum entfernt, befindet sich ein Bäckerei-Café mit auch glutenfreien Spezialitäten. www.beck-cafe.ch

96 Das Jakobshübeli

Ein Pavillon für Thuns erste Touristen

Will man die Stadt von oben sehen, erklimmt man am besten die vielen Treppenstufen zum Jakobshübeli. Die Mühe lohnt sich: Hier, 635 Meter über Meer, hat man einen prächtigen Blick über Thun, auf den See und die Berge. Der Weg zweigt von der Hofstettenstrasse ab und führt durch schmale Gassen an Häusern vorbei, die einen fast südlichen Charme versprühen. Dann erreicht man den Wald, und eine Treppe führt so weit empor, dass man beinahe befürchtet, den Aussichtspunkt verpasst zu haben. Doch dann taucht er auf, der runde, tempelartige Pavillon, dessen rot bemalte Sitzbänke zum Verweilen einladen.

1818/19 wurde an dieser Stelle ein Pavillon aus Holz gebaut. Grund dafür waren die Touristen, die seit den beiden Unspunnenfesten von 1805 und 1808 immer zahlreicher ins Berner Oberland reisten. Man wollte ihnen etwas bieten. Die Gebrüder Knechtenhofer begannen Gäste zu beherbergen, später, in den 1830er Jahren, eröffneten sie eines der ersten grossen Hotels in Thun, das «Bellevue», wo fortan viel Prominenz ein und aus ging. Einer der Knechtenhofers hiess Jakob, und vermutlich kam das Jakobshübeli so zu seinem Namen. Für die Touristen nannte man den Aussichtspunkt in den ersten Jahren «Pavillon Saint Jacques».

1820 stürzte der Holzpavillon ein. Und das sollte nicht das letzte Mal sein. Nachdem er wieder aufgebaut worden war, riss ihn ein Sturm im Jahre 1842 weg. Noch einmal baute man ihn auf, doch 1907 stürzte er wieder ein und begrub sieben Menschen unter sich. Sechs von ihnen wurden verletzt, eine Frau starb. Der nächste Pavillon sollte aus Stein sein. 1910 wurde ein Ideen-Wettbewerb ausgeschrieben, den die Thuner Architekten Lanzrein & Meyerhofer gewannen. Unter der Leitung von Stadtbaumeister Hermann Staub entstand 1911 der Stein-Pavillon. Dieser wurde genau 100 Jahre später restauriert und kann heute als etwas verborgener Geheimtipp bezeichnet werden.

Adresse oberhalb der Hofstettenstrasse und des Aarequais | ÖV Bus 21 ab Thun Richtung Interlaken bis Haltestelle Hofstetten, dann circa 20 Minuten zu Fuss | Anfahrt Richtung Gunten–Interlaken, Hofstettenstrasse, links Parkhaus Casino, dann circa 20 Minuten zu Fuss | Öffnungszeiten ganzjährig | Tipp Am Aarequai, bei der Bushaltestelle Hofstetten, befindet sich in einem historischen Haus das Restaurant «Dampfschiff». www.dampfschiff-thun.ch

97_Die Messerschmiede

Eine Werkstatt wie zu früheren Zeiten

Nicht selten wird Manfred Schoder als «der schärfste Thuner» bezeichnet. Der bedächtige Mann, der stets einen Stumpen im Mundwinkel hat, führt die alte Messerschmiede am Aarequai in vierter Generation. In dem kleinen Laden, den man von der Oberen Hauptgasse her betritt, gibt es eine grosse Auswahl an Taschenmessern, Hornmessern, Schnitzern und Scheren. Auch das «Hacki» ist im Angebot, ein Wiegemesser in einer Holzschale, mit dem sich frische Kräuter klein schneiden lassen.

Erfunden hat es Manfreds Urgrossvater Fritz Schoder. Laut der Thuner Chronik hat dieser Mann seine Messerschmiede im Jahre 1886 am Mühle-Gässchen gegründet. 1904 erwarb Fritz Schoder das Haus am heutigen Standort, das aus dem 17. Jahrhundert stammt. Zuerst waren es vor allem Metzger, Wirte, Coiffeure und Bauern, die das Geschäft aufsuchten. Für einige dieser Kunden entwickelten die Schoders eigens Werkzeuge, zum Beispiel Hippen, Baum- und Stangenscheren oder gar Kastriermesser für Schweine und Tondeusen für Schafe und Pferde.

Manfred Schoder führt heute vor allem Schleif- und Reparaturarbeiten aus. Köche und Metzger bringen ihre Messer zum Schleifen, Schulen ganze Arsenale von Scheren. Ein Werkstattbesuch in der alten Messerschmiede lohnt sich. Manfred Schoder, der meist einen blauen Arbeitskittel trägt und ein Beret auf dem Kopf hat, führt die Gäste eine steile Treppe hinab in sein Reich. Dort dreht sich das Rad der Zeit auf einmal zurück. Und da steht man und bestaunt die sorgfältig aufgereihten Werkzeuge, die ehemalige Feuerstelle und die alte Schleifmaschine mit historischem Riemengetriebe.

Eine Werkstatt, wie sie heute nicht mehr oft zu finden ist. Und tatsächlich: «Unser Handwerk ist am Aussterben», sagt Manfred Schoder. «Die Leute reisen von weit heran, um ihre Messer bei uns schleifen zu lassen.»

Adresse Obere Hauptgasse 64, 3600 Thun, Tel. 033/2222303, www.messer-schoder.ch | ÖV circa 10 Minuten zu Fuss ab Thun Bahnhof oder Bus 21 Richtung Interlaken bis Haltestelle Freienhof, dann circa eine Minute zu Fuss | Anfahrt Parkhaus City West oder Grabengut, dann circa 5 Minuten zu Fuss | Öffnungszeiten Di–Fr 10–12 und 13.30–18 Uhr, Sa 10–16 Uhr | Tipp In einem der zahlreichen Cafés am Mühleplatz, dem beliebten Treffpunkt im Herzen von Thun, einkehren.

98 Der Naturheilkunst-Laden

Ein Fest für die Sinne

Es gibt Orte, die tun einfach der Seele gut. Einer davon ist der kleine, feine Laden Naturheilkunst. Tritt man ein, fühlt man sich gleich in einer anderen Welt, aufgehoben und geborgen. Das leise Klirren von Glöckchen, ein feiner Duft nach ätherischen Ölen und lauter schöne Dinge, die das Auge erfreuen. Dieser Laden ist ein Fest für die Sinne. Hier gibt es unter anderem Ketten, Armbänder, Steine, Kerzen, Engel, Duftsprays, Öle, Schals, Socken, Girlanden, Postkarten, Agenden, Hefte und Bücher. «Wir bieten Dinge fürs Seelenwohl an», sagt die Besitzerin Salome Bader, «Dinge, die den Alltag erhellen und die Freude am Leben wecken.» Dabei ist es ihr wichtig, dass die Produkte unter fairen Bedingungen hergestellt werden. Viele stammen aus geschützten Werkstätten in der Schweiz oder aus Frauenprojekten in Ländern wie Indien oder Nepal.

Ihr Laden sei ein Herzensprojekt, sagt Salome Bader. Sie, die einst die Handelsschule absolvierte, wollte nach einer Familienpause zurück ins Berufsleben. Aber nicht ins Büro, sondern in eine Tätigkeit, die sie erfüllte. Weil sie sich für die heilende Wirkung von Pflanzen interessierte, besuchte sie die Naturheilschule in Bern. Danach mietete sie ein Kellerlokal in Thun und bot Fussreflexzonenmassagen an. Nebenbei verkaufte sie Tee, ätherische Öle und Bücher über Heilpflanzen. Der Verkauf machte ihr Freude, und so kam immer mehr hinzu, Postkarten etwa, Kerzen und Steine. Als der Vermieter 2008 Eigenbedarf anmeldete, beschloss sie, das Sortiment zu erweitern und fand das jetzige Lokal an der Aare bei der Sinnebrücke.

Seither lädt der Laden auf zwei Stockwerken zum Verweilen ein. Das kleine Team von langjährigen Mitarbeiterinnen berät mit Empathie und fertigt die Steinketten selbst an. «Wir möchten mit dem Laden eine Oase schaffen in unserer hektischen Welt», sagt Salome Bader. Das ist eindeutig gelungen.

Adresse Naturheilkunst, Freiehofgasse 14/Oelegässli, 3600 Thun, Tel. 033/2226626 oder 079/7497807, www.naturheilkunst.ch | ÖV circa 7 Minuten zu Fuss ab Thun Bahnhof oder Bus 21 Richtung Interlaken bis Haltestelle Freienhof, dann circa 1 Minute zu Fuss | Öffnungszeiten Mo 13.30–18.30 Uhr, Di–Fr 9–12.30 und 13.30–18.30 Uhr, Sa 9–17 Uhr | Tipp Schräg vis-à-vis, auf der anderen Seite der Aare, befindet sich der wunderschöne Miratee-Laden, www.miratee.ch.

99 Der Rittersaal

Fast die ältesten verbauten Balken der Schweiz

Majestätisch thront das Schloss Thun mit seinen vier Türmen hoch über der Stadt. Und birgt eine lange Geschichte. Es war um 1190, als es von Herzog Berchtold V. von Zähringen erbaut wurde – später, im Jahre 1218, ging es an die Kyburger über. Das Schloss diente im Mittelalter einzig der Repräsentation. Danach wurde es auch als Gefängnis und Kornkammer genutzt. Die Berner errichteten 1567 nebenan das «Neue Schloss», wo sich die Amts- und Wohnräume der Schultheissen befanden. In all den Jahren wurde das Schloss Thun, das bereits 1888 zum Museum wurde, aus architektonischem Interesse gut gepflegt.

Und deshalb sind auch die Balken des Rittersaals in einem guten Zustand. Der Saal, den man übrigens mieten kann, gilt mit seinen 250 Quadratmetern und einer Raumhöhe von 7,5 Metern als der grösste erhaltene mittelalterliche Profansaal der Schweiz. Das Holz, das man für seine Deckenbalken verwendete, begann im 9. Jahrhundert zu wachsen. Diese Balken, die den Turm des Schlosses seit 1199 geduldig tragen, gehören zu den ältesten verbauten Balken der ganzen Schweiz. Damals wurden sie mit Ochsenblut eingefärbt, später überzog der Rauch, der aus dem Kamin drang, sie nach und nach mit schwarzer Farbe.

Bei der Renovation des Rittersaals fand man Bolzen von Armbrüsten, die in den Balken steckten. Vermutlich wurden sie bei mittelalterlichen Würfelspielen und Saufgelagen abgefeuert – ab und zu war damals im Schloss also doch etwas los! Drei solche Armbrustspitzen sind in einer Fussbodenvitrine im ersten Stock des Museums zu besichtigen. Auf sämtlichen Etagen des Schlosses erfährt man Interessantes über die kulturelle Entwicklung der Gegend in den letzten 4.000 Jahren. Und zum krönenden Abschluss sollte man zum imposanten Dachstock und den Türmen hochgehen.

Der Aufstieg lohnt sich, denn die Panoramasicht ist überwältigend.

Adresse Schlossberg 1, 3600 Thun, Tel. 033/2232001, www.schlossthun.ch | ÖV 15 Minuten zu Fuss ab Thun Bahnhof oder Bus 21 Richtung Interlaken bis Haltestelle Freienhof, dann 5 Minuten zu Fuss | Anfahrt Parkhaus Schlossberg mit direktem Ausgang auf dem Schlossberg | Öffnungszeiten April–Okt. täglich 10–17 Uhr, Nov.–Jan. So 13–16 Uhr, Weihnachtswoche–6. Jan. täglich, Feb., März täglich 13–16 Uhr | Tipp Gleich nebenan ist das Schlosshotel, ein kleines, feines Boutiquehotel, wo man in ehemaligen Gefängniszellen logieren kann. www.schlosshotelthun.ch

100_Die Rösterei Heer

Ein Paradies für Kaffeeliebhaber

Kaum tritt man ein, umfängt einen der köstliche Duft nach Kaffee. Auf Holzstühlen, Sesseln und Sofas sitzen plaudernde Gäste, an der Theke werden Cappuccino, Espresso und Latte macchiato zubereitet. Immer wieder klingelt die Türglocke, und jemand will frisch gerösteten Kaffee aus Süd-, Mittelamerika oder Afrika kaufen. Und mitten im Geschehen thront ein stattlicher Trommelröster, zu dessen Füssen Kaffeesäcke lagern. An dieser gasbetriebenen Maschine rösten Inhaberin Kira Heer und ihre Mitarbeiterinnen den Kaffee schonend. Anschliessend verlesen sie die Bohnen von Hand, füllen sie in Eimer und verpacken sie beim Verkauf in Papiertüten.

Kira Heer wurde die Liebe zum Kaffee in die Wiege gelegt. Ihre Grossmutter war in den 1950er Jahren die erste Kaffeeverkosterin in Hamburg. Sie begutachtete und sortierte den Kaffee, der auf Schiffen nach Deutschland gebracht wurde und träumte von den Ländern, in denen diese Bohnen wuchsen. 50 Jahre später reiste Kira Heer während ihres Geographiestudiums entlang des Kaffeegürtels in die Hochlandebene Brasiliens. Ihr Studium und die Reise finanzierte sie mit einem Job als Kaffeerösterin in Köln. In Südamerika realisierte die junge Frau, unter welch harten Bedingungen die Kleinbauern arbeiten und schrieb ihre Diplomarbeit über fairen Handel.

Als Kira Heer der Liebe wegen nach Thun zog, beschloss sie, fortan ihrer Kaffee-Leidenschaft nachzugehen. Sie erwarb einen alten Bus und bot Kaffee auf Märkten und an Festen an. 2014 eröffnete sie den Verkaufsladen mit Café. In ihrem Lokal, wo sie übrigens auch Barista-Kurse anbietet, arbeiten zehn Frauen. Kira Heer liegen die Unterstützung von Frauen und der gerechte Handel am Herzen. Den Kaffee bezieht sie ausschliesslich von Bäuerinnen, die ihn auf kleinen Plantagen mit meist biologischem Anbau von Hand pflücken. Nebst vielfältigem Kaffeegenuss gibt es in der Rösterei Heer auch diverse Speisen. Die Karte lockt mit Kuchen, Suppen, Salaten und Eintöpfen, viele davon sind vegan und glutenfrei.

Adresse Frutigenstrasse 5, 3600 Thun, www.roestereiheer.ch | **ÖV** mit dem Zug nach Thun, zum hinteren Bahnhofausgang raus, 5 Minuten zu Fuss | **Anfahrt** Parkhaus an der Mönchstrasse 4 auf der hinteren Seite des Bahnhofs | **Öffnungszeiten** Mo – Fr 9.30 – 18 Uhr, Sa 9.30 – 17 Uhr | **Tipp** Seit 2021 gibt es in Uttigen eine weitere Kaffeerösterei Heer. In dieser Manufaktur darf man gerne auf Anfrage an Rösttagen zuschauen (Aarbord 32 E, 3628 Uttigen).

101 Das Thun-Panorama

Das älteste, noch erhaltene Rundbild der Welt

Es ist faszinierend, mitten im Leben von anno dazumal zu stehen. Möglich ist das im Thun-Panorama, einer Rotunde im Schadaupark. Dort befindet sich das älteste, noch erhaltene Rundbild der Welt, das 285 Quadratmeter grosse Werk des Malers Marquard Wocher (1760–1830). Via Treppe gelangt man auf zwei Rundbalkone, von wo aus sich der Thuner Alltag aus dem frühen 19. Jahrhundert bestaunen lässt: Frauen waschen Kleider in der Aare, Pferdekutschen sind unterwegs, Katzen schleichen über Dächer, es wird gegessen, gefeilscht, geschuftet und geschwatzt. Und nicht zuletzt verzaubert die Sicht auf die unverbaute nahe Umgebung von Thun sowie auf See und Berge.

Marquard Wocher, der vom Berner Oberland angetan war, skizzierte im Sommer 1808 und 1809 den Blick auf Thun, der sich ihm von einem Kamin eines Hausdachs aus bot. In seiner Heimat Basel übertrug er die Skizzen auf eine mit Papier bespannte Leinwand und versah sie mit Farbe. Es war eine zeitraubende Angelegenheit, denn der Maler verrichtete die Arbeit ohne Gehilfen. 1814, als das Werk vollendet war, erfreute es sich in Basel als «begehbarer Tourismusprospekt» grosser Beliebtheit. Trotzdem ging Wocher schliesslich in Konkurs und versuchte vergeblich, das Panoramabild zu verkaufen. Nach seinem Tod im Jahre 1830 wurde es versteigert und für mehrere Jahre vergessen.

1899 kam es als Geschenk nach Thun, wo es lange Zeit aufgerollt und unbeachtet liegen blieb. Erst 1960 erhielt es wieder Aufmerksamkeit, als die Gottfried Keller-Stiftung das Werk kaufte und der Stadt Thun als Depositum überreichte. Stadtbaumeister Karl Keller errichtete im Schadaupark eine Rotunde, wo das 38 Meter lange und 7,5 Meter hohe Bild fortan seinen Platz hatte. Vor ein paar Jahren wurde das Rundbild restauriert. Und das Erlebnis, einen 360-Grad-Blick auf die Welt von damals zu werfen – mit Audioguide oder mit Führung –, ist ausgesprochen eindrücklich.

Adresse Schadaupark, 3602 Thun, Tel. 033/2232462, thun-panorama.ch | **ÖV** Bus 1 ab Thun Bahnhof Richtung Spiez bis Haltestelle Scherzligen/Schadau, 5 Minuten zu Fuss | **Anfahrt** von Thun Bahnhof auf der Seestrasse bis zur Kirche Scherzligen, Parkplatz vis-à-vis, 5 Minuten zu Fuss | **Öffnungszeiten** Anfang März–Ende Nov. Di–So 11–17 Uhr, Führungen auf Anfrage | **Tipp** Machen Sie einen Spaziergang durch den wunderschönen Park zum Schloss Schadau, wo es ein Restaurant und freie Sicht auf See und Berge gibt (www.schloss-schadau.ch).

102 Die Glockengiesserei

Klänge für Kühe und Könige

Jetzt stehen die Glockenformen auf der Giessstrasse. Zwei Mitarbeiter ergreifen mit einer Stange ein Gefäss und giessen Metall, das sie auf knapp 1.200 Grad erhitzt haben, in die Formen. Eine nach der anderen füllt sich mit der Bronze, die den Zuschauer an einen glühenden Lavastrom denken lässt. In der Luft liegt ein feiner rötlicher Staub, der sich auf Tischen, Maschinen und Kleidern absetzt. Es ist der Formsand, den es zum Herstellen von Glocken braucht, und genau das ist das traditionelle Handwerk der Familie Gusset. Es war Abraham Gusset, der zwischen 1820 und 1825 die ersten Glocken in Uetendorf goss. Seine Vorfahren waren einst als Kupferschmiede, Kesselflicker und Messerschmiede in Frankreich umhergezogen.

Heute wird der Betrieb in achter Generation von den Brüdern Peter und Hans Gusset geführt. Viele Arbeitsvorgänge sind leichter geworden, doch das Giessen ist immer noch reine Handarbeit. Das Glockenmodell wird in einen Formkasten gestellt, fest mit Formsand umhüllt und sorgfältig wieder entfernt. So entsteht der Hohlraum, der anschliessend mit Bronze – 81 Prozent Kupfer und 19 Prozent Zinn – ausgegossen wird. In die Werkstatt darf man zu Öffnungszeiten hereinschauen. Da nicht jeden Tag gegossen wird, ist es ratsam, vor dem Besuch anzurufen. Der Shop, der sich im Dachstock des Gebäudes befindet, ist immer zugänglich und bietet eine reiche Auswahl an Glocken aller Grössen.

Souvenirläden können die Gussets heutzutage kaum mehr beliefern. Die meisten Glocken, die dort im Angebot sind, werden in Asien hergestellt. Dankbare Abnehmer sind Landwirte, die Weidgeläute, also Glocken für ihre Kühe, brauchen. Bestellungen kommen auch für Geburtstage und Hochzeiten oder für spezielle Anlässe wie etwa das Jazzfestival in Montreux oder den Skiweltcup in Adelboden. Besonders stolz sind die Gussets auf jene zwei Glocken, die sie für das englische Königshaus giessen durften.

Adresse Aegertenstrasse 24, 3661 Uetendorf, Tel. 033/3451209, www.glockengiesserei-gusset.ch | ÖV von Thun mit dem Zug nach Uetendorf, circa 10 Minuten in Richtung Uttigen gehen, rechts | Anfahrt von Thun nach Uetendorf, die Glockengiesserei ist am Dorfausgang Richtung Uttigen, Wegweiser rechts | Öffnungszeiten Mo – Do 8 – 12 und 13.30 – 17 Uhr, Fr 8 – 12 und 13.30 – 16 Uhr, Ferien auf Website, Führungen auf Anfrage | Tipp Im Nachbardorf Seftigen gibt es die beiden wunderschönen Läden Blumen- und Schoggi-Quer: www.blumen-schoggi-quer.ch.

103 Die Kirche

Der reiche Amerikaner, der Urwalddoktor und die Titanic

Diese Kirche steckt voller Geschichten. Es begann damit, dass die Uetendorfer jahrelang keine Kirche hatten und jener von Amsoldingen angeschlossen waren. Auf ein Gesuch hin erlaubten die gnädigen Herren von Bern, dass die Uetendorfer ab 1578 die Predigten in der Kirche Thierachern besuchen und ihre Toten dort bestatten durften. Erst Mitte des 20. Jahrhunderts bekamen sie ihre eigene Kirche.

Das hatten sie dem gebürtigen Uetendorfer Otto Lädrach zu verdanken, der in die USA ausgewandert und als Privatsekretär für den reichen Juristen William Maul Measey tätig war. Die beiden hielten sich oft im Berner Oberland auf. 1946 schenkte Lädrach der Gemeinde das Land für einen Friedhof und wollte später eine Kirche errichten. Als er 1951 überraschend starb, setzte sich Measey dafür ein, Lädrachs Idee zu verwirklichen. Der Amerikaner, der auch das Schloss Oberhofen besass, spendete 100.000 Dollar für den Bau der Kirche.

Diese Geschehnisse und die vielen Reisen der beiden Herren über den Atlantik liessen eine abenteuerliche Legende entstehen: «Nach einem Streit mit Measey habe es Lädrach absichtlich versäumt, Tickets für die Titanic-Überfahrt zu kaufen, worauf ihm Measey die Stelle gekündigt habe. Nach dem Untergang des Schiffes sei Measey Lädrach so dankbar gewesen, dass er ihn wiedereingestellt und ihm 100.000 Dollar geschenkt habe. Lädrach habe das Geld nicht annehmen, sondern damit die Kirche bauen wollen.»

Measey bat den Arzt Albert Schweitzer, dessen Urwaldspital in Lambarene er finanziell unterstützte, die Orgel zu entwerfen. Schweitzer, der ein leidenschaftlicher Organist war, kam diesem Wunsch nach. 1957 besuchte er die Kirche persönlich. Auch von Lädrach und Measey gibt es Spuren: Oberhalb der Kirchentür prangt ein Dank an Otto Lädrach, das Grab seiner Familie findet man links beim Eingang des Friedhofs. Gleich daneben steht das Urnengrab von William Maul Measey.

Adresse Kirche Uetendorf, Buchshaldenstrasse 6, 3661 Uetendorf, Tel. 033/3454294, www.kirche-thierachern.ch | **ÖV** mit dem Zug von Thun nach Uetendorf, dann circa 10 Minuten zu Fuss den Wegweisern folgen | **Anfahrt** von Thun nach Uetendorf, an der grossen Kreuzung links abbiegen und den Wegweisern folgen, Parkplatz unterhalb der Kirche | **Öffnungszeiten** täglich 7–21 Uhr | **Tipp** Im Industriegebiet von Uetendorf befindet sich eine grosszügige Filiale der Confiserie Steinmann mit einem Café (Industriestrasse 12, 3661 Uetendorf, 033/2221555, www.confiserie-steinmann.ch).

104 Die Ruine Weissenau

Einst ein belebter Handelsplatz

Wo ist sie nur? Sie ist nicht wie andere Burgen von weit her zu sehen, nein, man muss die Ruine Weissenau ein bisschen suchen. Das gelingt, wenn man den Wanderweg, der Interlaken mit Neuhaus verbindet, beschreitet oder mit dem Auto am Spital Interlaken vorbeifährt, weiter seewärts, dorthin, wo man glaubt, die Strasse sei schon zu Ende. Die letzten Meter geht man zu Fuss, und es kann sein, dass man in diesem schönen Naturschutzgebiet Wasservögel oder sogar Rehe erspäht. Und dann taucht sie auf, die Ruine der grössten Burganlage des Berner Oberlands, die im 13. Jahrhundert gebaut wurde.

Einst stand sie auf einer Insel und diente dem Umladen von Waren und der Kontrolle des Verkehrs auf den Seen Richtung Alpenpässe. Sie gehörte damals den Freiherren von Wädenswil, 1298 wurde sie zum ersten Mal schriftlich erwähnt als «castrum de wissenowe». Nach neusten archäologischen Erkenntnissen könnte sich auf der Wiese vor der Burg ein befestigter Hafen befunden haben, der für die anlegenden Schiffe von der Seite her zugänglich war. Als das Städtchen Unterseen zu einem wichtigen Handelsumschlagplatz wurde, verlor die Burg an Bedeutung und war nur noch für das Einziehen der Schiffsgebühren zuständig. 1528 ging sie an Bern über, und ihr Verfall begann. Heute wird sie vom Archäologischen Dienst des Kantons Bern gepflegt. Die Weissenau ist keine Insel mehr – seit 1893 der Schifffahrtskanal gebaut wurde, ist sie mit dem Festland verbunden.

Am lebendigsten werden all diese Geschichten, wenn man die Ruine besteigt. Vom Turm aus kann man sich gut vorstellen, wie belebt der Schiffsverkehr hier einmal gewesen sein muss. Auf der hinteren Seite des Turms befinden sich die Reste der Wohn- und Repräsentationsräume der Burg. Ein geschichtsträchtiger Ort, diese Ruine. Erwischt man einen schönen Tag, kann man vom Turm aus die wundervolle Abendstimmung über dem See geniessen.

Adresse im Naturschutzgebiet Weissenau, 3800 Unterseen | **ÖV** mit dem Schiff oder mit dem Bus 21 ab Thun bis Haltestelle Neuhaus, eine knappe Stunde zu Fuss zur Ruine (oder von Interlaken West her) | **Anfahrt** von Thun auf der rechten Seeseite nach Unterseen, rechts zum Spital abzweigen und geradeaus weiterfahren bis zu Fahrverbot und Parkplatz, 10 Minuten zu Fuss zur Ruine | **Öffnungszeiten** ganzjährig | **Tipp** Wandern Sie auf dem schönen Uferweg durch das Naturschutzgebiet in knapp einer Stunde bis Neuhaus und kehren Sie im Hotel Neuhaus ein. www.hotel-neuhaus.ch

105 Der Unspunnenstein

Ein ziemlich politischer Stein

Es ist ein Jammer mit diesem Stein. Immer verschwindet er wieder. «Aber da ist er ja!», will man rufen, wenn man durch das Tourismuseum schreitet. Tatsächlich, hier liegt er, der stattliche Unspunnenstein – allerdings nur eine Nachbildung. Der echte wurde 1984 aus diesem Museum gestohlen, von jurassischen Separatisten, die für eine Abspaltung des Berner Juras kämpften. Als der Stein an der Expo02 wiederauftauchte, war die Freude gross. Doch leider von kurzer Dauer. Obschon der Stein fortan durch eine Kette gesichert war, wurde er 2005 ein zweites Mal entwendet, diesmal aus der Eingangshalle des Hotels Victoria-Jungfrau. Die Täter liessen einen Pflasterstein mit dem Jura-Wappen zurück, und der Unspunnenstein wurde zum politischen Symbol.

Wie am Anfang der Geschichte: 1805 luden vier Berner Patrizier auf dem Bödeli in Interlaken zu einem grossen Alphirtenfest ein. Ihre Absicht war, die Kluft zwischen Stadt und Land zu verkleinern und die Volksbräuche aufleben zu lassen. Dies geschah mit Volksmusik und Trachtentänzen sowie Wettbewerben im Schwingen, Jodeln, Alphornblasen und Steinstossen. Dabei kam der 83,5 Kilogramm schwere Unspunnenstein zum Einsatz, ein Symbol für die Urkraft und das Brauchtum. Obschon die Leute in Scharen kamen, fand das nächste Fest erst 1808 statt, denn es gab noch immer Spannungen zwischen dem Oberland und Bern. Aufgrund der schwierigen politischen Verhältnisse wurden die Feste für viele Jahre verboten.

Bisher wurden zehn Unspunnenfeste durchgeführt. Ihre Anfänge gelten als Initialzündung für die Entwicklung des Tourismus im Berner Oberland. Diese Entwicklung ist übrigens das Thema, dem sich das Tourismuseum widmet. Nebst dem – unechten – Unspunnenstein gibt es hier viel Interessantes, zum Beispiel Informationen über die Fortbewegung von der Sänfte bis zur Bergbahn, über den Wintersport und über die Souvenir-Industrie.

Adresse Tourismuseum, Obere Gasse 28, 3800 Unterseen, www.tourismuseum.ch, info@tourismuseum.ch | **ÖV** mit dem Zug bis Interlaken West, mit dem Ortsbus bis Haltestelle Unterseen, Stadthausplatz oder circa 10 Minuten zu Fuss | **Anfahrt** von Thun über Interlaken nach Unterseen, Parkplatz auf dem Stadthausplatz | **Öffnungszeiten** Dez.–April Mi, So 14–17 Uhr | **Tipp** Ganz in der Nähe, an der Oberen Gasse 42, befindet sich das Café Treff.

106 Das Spielzeugmuseum

Eine Reise durch die Kinderzimmer früherer Zeiten

Hier schlagen nicht nur Kinderherzen höher.

Das Spielzeugmuseum in Wattenwil ist mit viel Liebe zum Detail eingerichtet und lässt einen in andere Zeiten eintauchen. Da gibt es Puppen und Puppenstuben, Krämerläden, eine Zeitreise durch die Hausfrauenwelt im Kleinformat, eine Stadt mit Teddybären, Vitrinen mit Modellautos und Baukästen, Kasperlifiguren und Marionetten. Auf einer Drehscheibe tanzen zwei Bären, in einem Krämerladen stehen Zuckerdosen und Tortenstücke, in einem Puppenhaus ein Himmelbett und eine Toilette. Die Bewohner und Bewohnerinnen der Miniaturhäuser sind stets der Epoche entsprechend gekleidet.

Letzteres ist für Edith Schönholzer, die das Museum gemeinsam mit ihrem Partner Jürg Reimann führt, wichtig. «Spielzeug ist immer ein Abbild der Zeit mit ihren Geräten, Wohnformen und sozialen Verhältnissen.» Das Museum stellt die Bedeutung des Spiels im Wandel der Jahrhunderte dar. Früher waren Spielsachen nicht bloss Zeitvertreib, sondern dienten zur Vorbereitung auf die Tätigkeiten im Erwachsenenleben. So hantierte die künftige Hausfrau etwa mit Puppenküche, Bügeleisen und Nähmaschine, der künftige Landwirt mit einem Stall samt Kühen, Pferden und Schweinen.

Edith Schönholzer war bereits als Kind fasziniert von Puppenstuben. Jahre später – sie restaurierte hauptberuflich alte Möbel – fragte einmal ein Kunde, ob er mit einem alten Krämerladen bezahlen könnte. Sie erblickte das nostalgische Bijou und war hin und weg. Unter anderem war es dieser Krämerladen, der die Idee aufkommen liess, ein kleines Museum zu gründen. Noch heute steht er in einer Vitrine.

Im Jahr 2005 eröffneten Edith Schönholzer und ihr Partner ein Spielzeugmuseum in der Stadt Thun. 2018 verlegten sie das zauberhafte Museum in die zu Ausstellungsräumen umgebauten Stallungen ihres Bauernhauses in Wattenwil.

Adresse Spielzeugmuseum, Mettlengasse 5, 3663 Wattenwil, Tel. 033/3562082, www.spielzeugmuseum-wattenwil.ch | ÖV mit dem Bus Nr. 51 von Thun nach Wattenwil, Haltestelle Lischen | Anfahrt von Thun nach Wattenwil, der Parkplatz befindet sich an der Mettlengasse, der Eingang an der Blumensteinstrasse | Öffnungszeiten Mi und So 14–17 Uhr. Übrige Zeiten sowie Februar, Juli und August nur auf Anmeldung | Tipp Gleich neben dem Museum befindet sich das Museumslädeli mit nostalgischen Spielsachen und Möbeln zu günstigen Preisen.

107 Das Weissenburgbad

Wo das heilsame Wasser fliesst

Wenn man von Weissenburg in das Buuschetal wandert, versucht man sich auszumalen, wie hier Kutschen durchfuhren. Das Ziel war einst wie heute dasselbe: das Weissenburgbad. Mit dem Unterschied, dass die Reisenden von damals an diesem Ort eine Welt von heilenden Bädern vorfanden. Und dass die Reisenden von heute einige Vorstellungskraft brauchen, um diese Welt zu erahnen.

Die Thermalquelle Weissenburg wurde 1604 als eine der ersten Mineralquellen des Berner Oberlands gefasst. Der Badebetrieb im 17. Jahrhundert war schwierig. 1695 erhielt der Berner Arzt J. J. Ritter das «Hintere Bad» als Erblehen und lobte die «Wunderkraft des Wassers». In mehreren Etappen entstand ab 1846 das «Vordere Kurhaus». Es brannte 1898 nieder, erlebte aber bald darauf mit Gästen und Ärzten aus ganz Europa seine Blüte.

1925 wurde das «Hintere Bad» abgebrochen, nach dem Zweiten Weltkrieg verlor auch das «Vordere Bad» an Bedeutung. In den 1960er Jahren wurde es geschlossen, kurz darauf brannte es zum zweiten Mal. Ein paar Jahre benutzte das Militär das Areal als Übungsplatz. Dann gründeten Kulturinteressierte den «Verein Bad und Thermalquelle Weissenburg». Sie wollten «retten, was noch zu retten ist», und stellten den Musikpavillon und die Reste des Küchentrakts beim «Vorderen Bad» wieder her. Gemeinsam mit dem Archäologischen Dienst des Kantons Bern gelang es 2015, das «Hintere Bad» so zu sanieren, dass die Grundrisse der Gebäude wieder sichtbar sind.

Und das heilsame Wasser? Schon im 18. Jahrhundert wurde es verkauft. 1935 gründete der Ingenieur Hans Widmer die Weissenburg-Mineralthermen AG und nahm die Produktion im Keller des «Vorderen Bades» auf. 50 Jahre später wurde der Betrieb eingestellt. Im Brunnen, der sich in dem schmucken Häuschen beim Bahnhof Weissenburg befindet, fliesst das Heilwasser immer noch. Man sollte eine Flasche dabeihaben, um sich etwas davon abzufüllen.

Adresse im Buuschetal, hinter dem Bahnhof Weissenburg im Simmental, www.weissenburgbad.ch | **ÖV** mit dem Zug von Thun über Spiez nach Weissenburg, von dort aus 30 Minuten bis zum Vorderen und nochmals 15 Minuten bis zum Hinteren Bad | **Anfahrt** von Thun Autobahn A 6, Verzweigung Lattigen Richtung Zweisimmen, bis Därstetten, von dort eine Station mit dem Zug nach Weissenburg oder 25 Minuten zu Fuss, dann wie bei ÖV | **Öffnungszeiten** in schneefreien Zeiten | **Tipp** Vom «Hinteren Bad» aus kann man in circa 30 Minuten zu der 111 Meter hohen und 111 Meter langen Hängebrücke Leiternweide wandern.

108 Die Mendelssohn-Gedenkstätte

Der Künstler und das Bergdorf

Hier hat er die Skizze also gemacht, der berühmte Komponist Felix Mendelssohn Bartholdy. Auf dieser Anhöhe, die man nach einem zehnminütigen Aufstieg über einen Bergweg erreicht. Mendelssohn, ein begeisterter Wanderer und Naturfreund, kam am 21. August 1842 an diesem Platz vorbei. Überwältigt von der Sicht auf die Jungfrau griff er zu Stift und Papier und skizzierte den Weiler Wengen vor dem imposanten Bergmassiv. Diese Skizze gilt als die früheste nicht kolorierte Zeichnung dieser Art von Wengen.

Im Jahr 2002 entdeckte der deutsche Schriftsteller und Journalist Bernd Juds die Skizze in der Staatsbibliothek von Berlin. Er fand, das Werk müsse bekannt und gewürdigt werden, und nahm Kontakt mit dem damaligen Wengener Kurdirektor Jost Brunner auf. Bald war die Stelle, an der Felix Mendelssohn Bartholdy die Skizze erstellt hatte, ausfindig gemacht. Das Land gehörte Elisabeth Gross-Graf, und Bernd Juds fragte an, ob man dort eine Gedenkstätte errichten dürfe. Er war an die goldrichtige Person geraten: Elisabeth und ihr Mann Walter waren begeistert von der Idee.

Sie gründeten ein Komitee, das Walter Gross präsidierte, und machten es möglich, die Gedenkstätte oberhalb von Wengen zu bauen und im August 2004 einzuweihen: Zwei Künstler aus der Region gestalteten zwei Steine mit einem Sockel aus Wengenerstein und senkrechten Grimsel-Graniten. Der grössere Stein soll an den Komponisten Mendelssohn erinnern, der kleinere an den Maler und Zeichner. Man befürchtete, das Ganze könnte nach der Einweihung in Vergessenheit geraten, und suchte nach einer Idee, dies zu verhindern. Die Idee liess nicht lange auf sich warten. Der Verein rief eine Mendelssohn Musikwoche ins Leben, die seit 2005 jedes Jahr stattfindet und das Werk des Künstlers lebendig halten soll. Sie ist so terminiert, dass sie den 21. August enthält, jenen Tag, an dem Felix Mendelssohn in Wengen war.

Adresse oberhalb des Dorfes, 3823 Wengen, Info bei Wengen Tourismus: Tel. 033/8568585, www.mendelssohn-wengen.ch | **ÖV** mit dem Zug von Thun über Interlaken und Lauterbrunnen nach Wengen, den Wegweisern folgen, circa 5 Minuten bis zum Beausite Park Hotel, weitere 10 Minuten Aufstieg auf einem Bergweg | **Anfahrt** von Thun über Interlaken nach Lauterbrunnen, danach wie ÖV, da Wengen autofrei ist | **Öffnungszeiten** das ganze Jahr, ausser im Winter bei Lawinengefahr | **Tipp** In der Wengener Bäckerei-Konditorei Vincenz gibt es die köstliche und traditionsreiche Schokoladespezialität «Jungfrauspitzli». www.vincenz-wengen.ch

109 Die Minigolfanlage

Lauberhornabfahrt im Kleinformat

Jeden Januar ist es wieder dasselbe: landesweites Hoffen, das Wetter möge dem grossen Skiereignis des Jahres, dem Lauberhornrennen, wohlgesinnt sein. Um diese winterliche Angelegenheit auch sommers zu zelebrieren, haben sich die Wengener etwas einfallen lassen: eine 18-Loch-Minigolfanlage, auf der die weltberühmte Skiabfahrt, deren Zielgelände in Wengen ist, thematisiert wird.

Den ersten Minigolfschlag gibt man aus dem Starthäuschen ab, beim Hundschopf gilt es, die präzise Linie zu finden, und beim Kernen-S, den Ball durch eine heikle Kurve zu lenken. Bei jedem Posten ist eine kleine Tafel mit Wissenswertem angebracht. Auf der Starttafel ist etwas über den «Lauberhornvater» Ernst Gertsch (1900–1986) zu lesen. 1929 unterzeichnete der Wengener Tennis- und Eislauflehrer und Inhaber eines Sportgeschäfts die Gründungsurkunde des Lauberhornrennens, gemeinsam mit den Mitbegründern des Schweizerischen Akademischen Skiclubs (SAS).

Auf weiteren Tafeln erfährt man Einzelheiten über die Stationen. Über den legendären Hundschopf etwa, das Markenzeichen des Lauberhorns, wo die Fahrer zwischen Felsen und Fangnetz durchrasen und zu einem Sprung ansetzen. Über die Minschkante und das Kernen-S, beides Stellen, die nach dort gestürzten Fahrern benannt sind, oder über die gefürchtete Wasserstation. «Dieses Nadelöhr lässt nicht nur die Zuschauer in der Wengernalpbahn bei der Überquerung den Atem anhalten», steht auf der Tafel, «sondern auch die Rennfahrer bei der ersten Besichtigung schwer schlucken. Mit 90 bis 100 Kilometer pro Stunde schiessen sie auf den neun Meter schmalen Engpass zu.» Nun, da ist man ja froh, diese Wasserstation nur im Kleinformat vor sich zu haben. «Schaffen Sie es, Ihren Ball durch dieses Loch ins Zielloch zu lotsen?», heisst es weiter. Da gibt es nur eins: ausprobieren! Zum Glück ist das Risiko beim Minigolf wesentlich kleiner als bei der alpinen Skiabfahrt.

Adresse Wengen Tourismus (gleich hinter der Talstation der Männlichenbahn), Dorfstrasse, 3823 Wengen, Tel. 033/8568585, www.wengen.swiss | **ÖV** mit dem Zug von Thun über Interlaken und Lauterbrunnen nach Wengen, circa 2 Minuten durchs Dorf, dann rechts | **Anfahrt** von Thun über Interlaken nach Lauterbrunnen, danach wie ÖV, da Wengen autofrei ist | **Öffnungszeiten** circa Mitte April – Mitte Okt. 9 – 17.30 Uhr, Juli und Aug. 9 – 20.30 Uhr | **Tipp** Die reale Strecke der Lauberhornabfahrt kann man im Sommer erwandern: www.wengen.swiss. Es gibt auch geführte Touren: www.lauberhorn.ch.

110 Das Mineralienmuseum

Funkelnde Schätze aus den Alpen

Dieses Haus ist es gewohnt, ein wertvolles Innenleben zu haben. Vor ein paar Jahren noch war es eine Bank, heute ist es ein Mineralienmuseum. Und man muss sagen: Es bekommt ihm gut. In der Eingangshalle, wo die Kunden einst vor den Schaltern warteten, stehen Mikroskope bereit, um die Kristalle im Detail zu bewundern. In einer Vitrine sind Steine zum Verkauf ausgestellt, und ein Tisch lädt zu Kaffee und gemütlichem Verweilen.

Doch wer will jetzt schon verweilen! Zu sehr lockt die beachtliche Sammlung an Mineralien, die Rudolf Messerli zum grössten Teil eigenhändig gefunden hat.

In seiner Freizeit sucht er mit Leidenschaft nach einmaligen Kristallen und ist somit das, was man im Volksmund einen «Strahler» nennt. Er führt in den ersten Raum, der dem Berner Oberland gewidmet ist. Ein überwältigender Anblick: Kristallstufen von der Grimsel, filigraner Nadelquarz vom Rosenlaui, Fensterquarz aus dem Schilthorngebiet, Calzit aus dem Gasterntal, Pyrit aus der Lütschine und grüner Fluorit von der Alp Oltscheren ob Brienz. Zu jedem Stein gibt es eine Geschichte, und wenn Rudolf Messerli ins Erzählen kommt, wird es richtig spannend. Da erfährt man, wie er all die Schätze gefunden hat, nicht selten unter höchster Gefahr, auf hochalpinen Klettertouren, immer auf der Hut vor Steinschlägen, oder beim riskanten Abseilen durch schmale Felsspalten in alte Bergwerkstollen.

In einem weiteren Raum sind Steine aus der ganzen Welt zu bestaunen, China, Indien und Südamerika, eine farbenfrohe Angelegenheit, auch von diesen hat Messerli einige selbst gefunden. Eine Etage tiefer befinden sich Versteinerungen – Muscheln, Schnecken und Fischzähne –, ein Mini-Kino mit Strahler-Filmen, eine wechselnde Sonderausstellung und, in Rollschränken, wo einst die Bank-Dokumente lagerten, ein Mineralien-Archiv. Ja, die funkelnde Welt des Rudolf Messerli ist einen Besuch wert.

Adresse BEO Mineralienmuseum, Bahnhofstrasse 4, 3752 Wimmis, Tel. 079/4746483, www.beo-mineralienmuseum.ch | ÖV mit dem Zug von Thun über Spiez nach Wimmis, das Museum liegt gleich neben dem Bahnhof | Anfahrt Autobahn A 6, Verzweigung Lattigen, bis Wimmis | Öffnungszeiten Mai – Okt. So 13 – 17 Uhr oder auf telefonische Anfrage | Tipp Es gibt Führungen durch das Schloss und die Kirche von Wimmis, die ihren Ursprung vermutlich im 9. Jahrhundert haben. www.wimmis-tourismus.ch

111 Das Hüsliberg-Beizli

Ein Traum von einem Alpbeizli

Man könnte hier oben Gefahr laufen, das Alpleben zu romantisieren. Sich auszumalen, wie es wäre, abends vor der Hütte zu sitzen, ein Glas Wein zu trinken, ein Stück würzigen Alpkäse zu essen, die frische Luft zu atmen und den Sonnenuntergang zu geniessen. Selbstverständlich blendet man dabei aus, dass es auch regnen und stürmen kann, man frühmorgens aus den Federn und den ganzen Tag schuften muss. Wie auch immer – diese postkartenartige Welt beginnt bei der Anreise, wenn man das Berghotel Sparenmoos passiert, dem Strässchen weiter folgt und sich plötzlich in einer Landschaft von saftig grünen Wiesen und Gruppen von mächtigen dunklen Tannen wiederfindet. Das Tüpfelchen auf dem i ist aber, dass es hier oben, auf 1.669 Meter über Meer, eine Perle von einem Alpbeizli gibt: das Hüsliberg-Beizli.

Draussen locken ein prächtiges Panorama, lange Tische, Liegestühle und ein Spielplatz. Drinnen, in der heimeligen Gaststube, brutzelt auf dem Holzherd Speck, und Hanspeter Rieder serviert gerade einen Hüslibergteller mit Hobelkäse und Trockenfleisch. Seine Mutter war es, die 1994 mit dem Alpbeizli begann. Zehn Jahre später übernahm die jüngere Generation, und heute packt an, wer kann. Jeden Sommer ziehen die Rieders mit ihren Kühen, Pferden, Ziegen, Schweinen, Hühnern und Kaninchen auf die Alp. Das Beizli betreiben sie jeweils von Freitag bis Sonntag.

«Wir legen Wert darauf, unseren Gästen Selbstgemachtes in Bio-Qualität zu bieten», sagt Hanspeter Rieder. Ein Blick in die Speisekarte lässt das Wasser im Mund zusammenlaufen: Gletschertee gibt es da, Milch von der Kuh Linda oder der Geiss Leonie, Alpöhis Chäsbrätt, Käseschnitten, gebrannte Crème, Regis Kuchen und Milchshakes mit dem schönen Namen Himmu und Ärdetrunk. Den Alpkäse, die Trockenwurst und weitere Produkte kann man übrigens auch ausserhalb der Alpzeit kaufen: auf Rieders Hof in Blankenburg bei Zweisimmen.

Adresse Familie Rieder, Hüsliberg-Beizli, 3770 Zweisimmen, Tel. 076/5279191, www.hueslibergbeizli.ch | **ÖV** mit dem Zug von Spiez nach Zweisimmen, mit dem Bus bis Sparenmoos, 25 Minuten zu Fuss | **Anfahrt** Autobahn A6, Verzweigung Lattigen Richtung Zweisimmen, kurz vor Zweisimmen rechts Richtung Sparenmoos, circa einen Kilometer nach Berghotel Sparenmoos links abbiegen, hinter Gatter parken, 10 Minuten zu Fuss | **Öffnungszeiten** Mitte Juni – Anfang Sept. Fr – So, 9 – 17 Uhr; eine Reservation ist empfehlenswert! | **Tipp** Vom Berghotel Sparenmoos aus führt ein Themenweg durch die mystische Moorlandschaft Sparenmoos-Neuenberg.

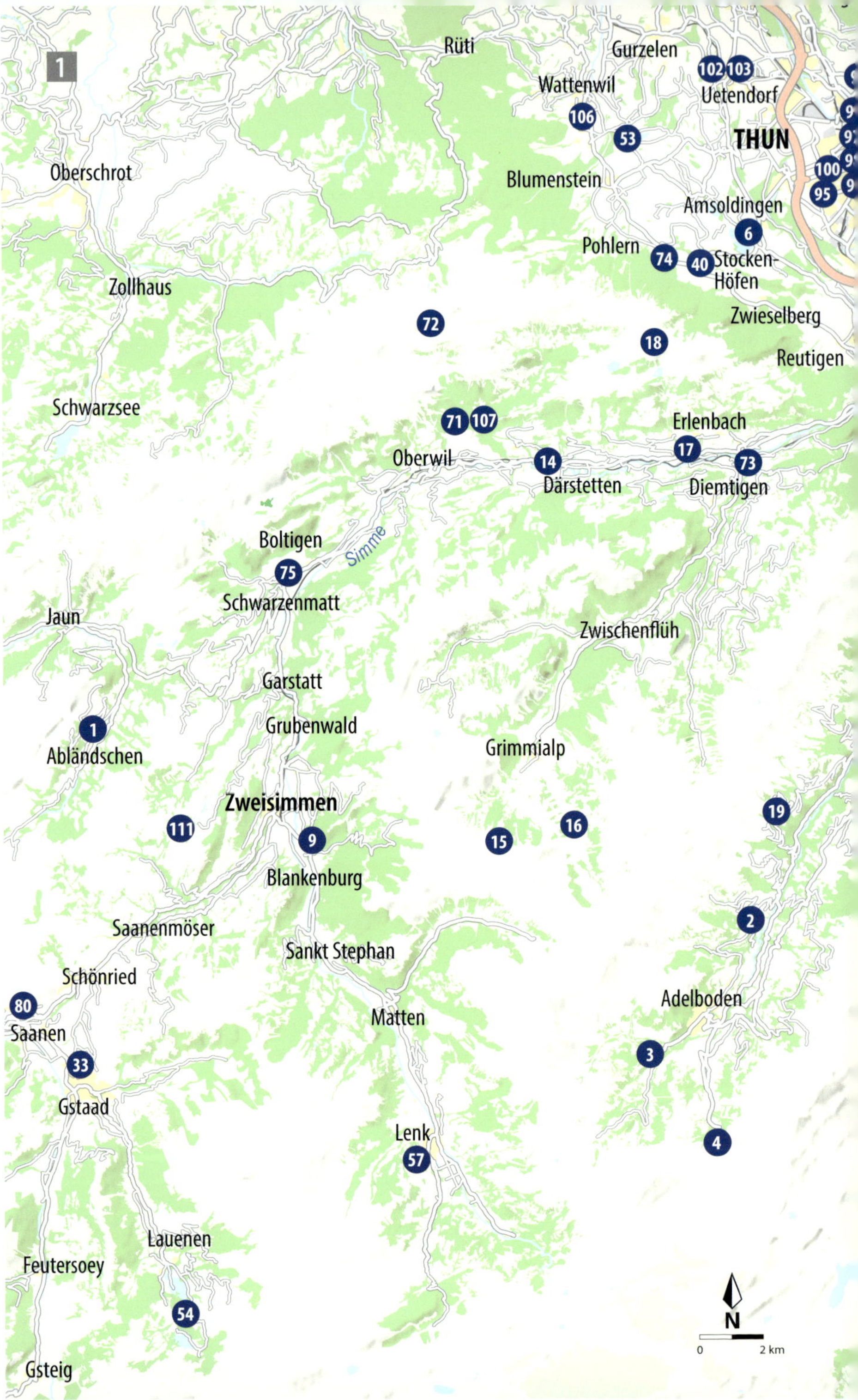

1
Rüti
Gurzelen
102
103
Wattenwil
Uetendorf
106
53
THUN
Oberschrot
Blumenstein
100
95
Amsoldingen
6
Pohlern
74
40
Stocken-
Höfen
Zollhaus
Zwieselberg
72
18
Reutigen
Schwarzsee
71
107
Erlenbach
17
Oberwil
14
73
Därstetten
Diemtigen
Boltigen
Simme
75
Schwarzenmatt
Jaun
Zwischenflüh
Garstatt
Grubenwald
1
Abländschen
Grimmialp
Zweisimmen
19
111
9
15
16
Blankenburg
2
Saanenmöser
Sankt Stephan
Schönried
80
Adelboden
Saanen
Matten
33
3
Gstaad
4
Lenk
57
Lauenen
Feutersoey
54
N
0
2 km
Gsteig

2
Steffisburg
Hünibach
Heiligenschwendi
Hilterfingen
Schwanden
Oberhofen
Sigriswil
Thunersee
Spiez
Merligen
Faulensee
Wimmis
Aeschi bei Spiez
Krattigen
Aeschiried
Leissigen
Habkern
Interlaken
Unterseen
Därligen
Wilderswil
Ringgenberg
Bönigen
Matten
Brienzersee
Ebligen
Oberried
Iseltwald
Saxeten
Lütschental
Gündlischwand
Isenfluh
Wengen
Lauterbrunnen
Mürren
Reichenbach
Frutigen
Kiental
Kandergrund
Kandersteg
Berner Alpen
Blatten
Kippel
38
42
39
82
83
70
69
87
86
85
34
35
8
66
64
65
7
89
88
93
10
52
5
56
67
37
36
77
76
44
105
45
43
58
59
104
32
84
81
46
108
109
55
20
90
68
51
47
91
10
50
49
48
24
23

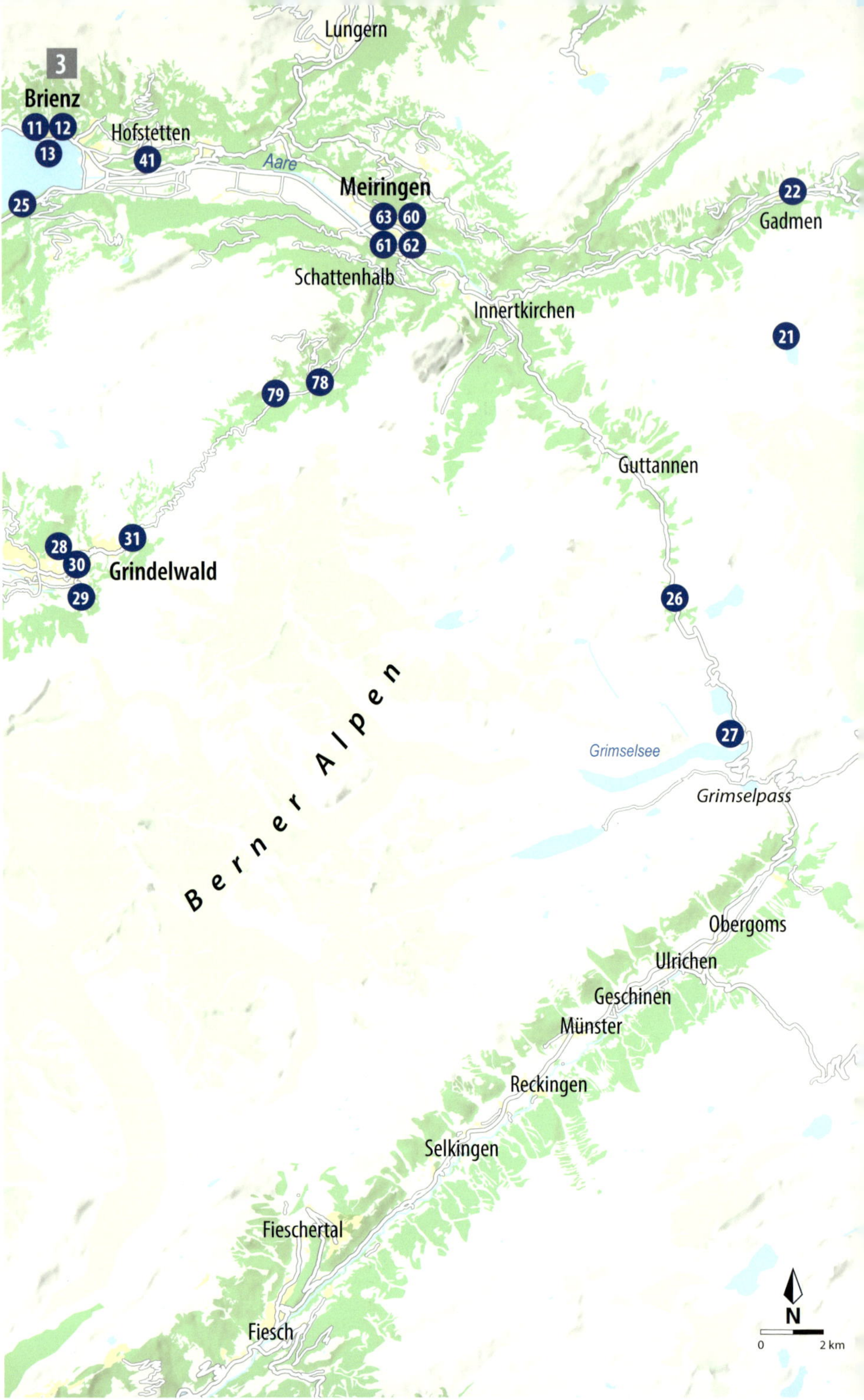
3
Brienz
11
12
13
Hofstetten
41
25
Lungern
Aare
Meiringen
63
60
61
62
Schattenhalb
22
Gadmen
Innertkirchen
21
78
79
Guttannen
31
28
30
29
Grindelwald
26
Berner Alpen
27
Grimselsee
Grimselpass
Obergoms
Ulrichen
Geschinen
Münster
Reckingen
Selkingen
Fieschertal
Fiesch
N
0
2 km

Regula Tanner
111 Orte für Kinder in Bern, die man gesehen haben muss
ISBN 978-3-7408-1493-9

Cornelia Lohs
111 Orte in Bern, die man gesehen haben muss
ISBN 978-3-7408-2000-8

Oliver Zwahlen
111 Orte in Zürich, die man gesehen haben muss
ISBN 978-3-7408-1381-9

Simone Hausladen
111 Orte für Kinder in Zürich, die man gesehen haben muss
ISBN 978-3-7408-0988-1

Katharina Hohmann, Fritz von Klinggräff, Ambroise Tièche
111 Orte in Genf, die man gesehen haben muss
ISBN 978-3-7408-0835-8

Nina Kobelt, Silvia Schaub
111 Orte in St. Gallen, die man gesehen haben muss
ISBN 978-3-7408-1447-2

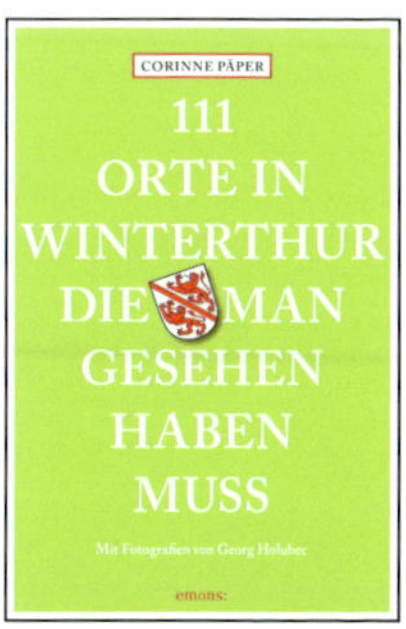

Corinne Päper, Georg Holubec
111 Orte in Winterthur, die man gesehen haben muss
ISBN 978-3-7408-1691-9

Monika Mansour
111 mystische Orte in der Schweiz, die man gesehen haben muss
ISBN 978-3-7408-1817-3

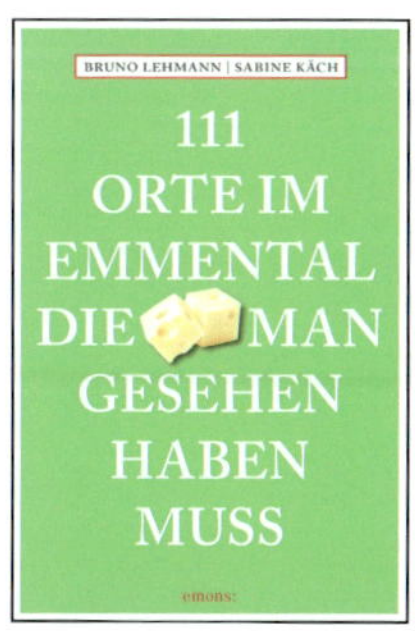

Bruno Lehmann, Sabine Käch
111 Orte im Emmental, die man gesehen haben mus
ISBN 978-3-7408-1517-2

Dietlind Castor
111 Orte am Bodensee, die man gesehen haben muss
ISBN 978-3-7408-2232-3

Gina von der Heiden
111 Orte für Kinder am Bodensee, die man gesehen haben muss
ISBN 978-3-7408-1197-6

Marion Rapp
111 Schätze der Natur rund um den Bodensee, die man gesehen haben muss
ISBN 978-3-95451-619-3

Insa Hohmann, Katharina Hohmann, Fritz von Klinggräff
111 Orte am Lago Maggiore, die man gesehen haben muss
ISBN 978-3-7408-2118-0

Silvia Schaub, Nina Kobelt
111 Orte rund um den Säntis, die man gesehen haben muss
ISBN 978-3-7408-2041-1

Silvia Schaub
111 Orte im Engadin, die man gesehen haben muss
ISBN 978-3-7408-1999-6

Marcus X. Schmid, Michel Riethmann
111 Orte in Luzern und am Vierwaldstättersee, die man gesehen haben muss
ISBN 978-3-7408-1811-1

Marcus X. Schmid, Michel Riethmann
111 Orte im Herzen des Jura, die man gesehen haben muss
ISBN 978-3-7408-1364-2

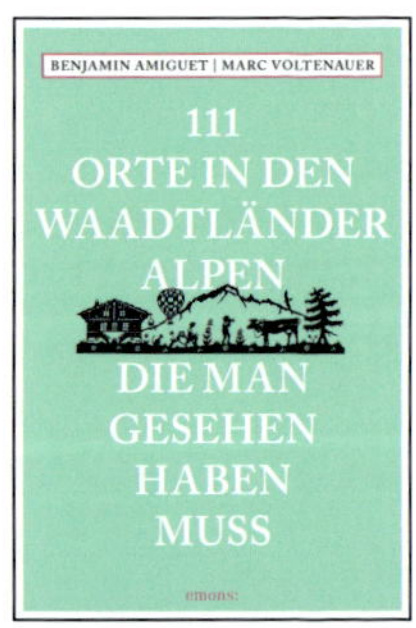

Benjamin Amiguet, Marc Voltenauer
111 Orte in den Waadtländer Alpen, die man gesehen haben muss
ISBN 978-3-7408-1466-3

Franziska Weyer
111 Orte rund um den Genfersee, die man gesehen haben muss
ISBN 978-3-7408-1215-7

Christian Löhden
111 Orte in Graubünden, die man gesehen haben muss
ISBN 978-3-7408-1551-6

Petra Koci, Benno Gut
111 Orte im Kanton Glarus, die man gesehen haben muss
ISBN 978-3-7408-1066-5

Christof Gasser, Barbara Saladin
111 Orte im Kanton Solothurn, die man gesehen haben muss
ISBN 978-3-7408-0975-1

Silvia Götschi
111 Orte in Nidwalden, die man gesehen haben muss
ISBN 978-3-7408-0566-1

Pierre Thomas, Tobias Fassbinder
111 Schweizer Weine, die man getrunken haben muss
ISBN 978-3-7408-1301-7

Ursula Kahi
111 Orte im Aargau, die man gesehen haben muss
ISBN 978-3-95451-537-0

Barbara Saladin
111 Orte in Baselland, die man gesehen haben muss
ISBN 978-3-7408-0122-9

Silvia Götschi
111 Orte im Kanton Schwyz, die man gesehen haben muss
ISBN 978-3-7408-0116-8

Kirsten Elsner-Schichor
111 Orte im Nordschwarzwald, die man gesehen haben muss
ISBN 978-3-7408-2125-8

Erwin Ulmer
111 Orte im Hegau, die man gesehen haben muss
ISBN 978-3-7408-2117-3

Hans-Peter Joseph Mayer
111 Orte in Heidelberg, die man gesehen haben muss
ISBN 978-3-7408-1981-1

Regina Urbach
111 Orte in Speyer, die man gesehen haben muss
ISBN 978-3-7408-1508-0

Kirsten Elsner-Schichor, Rainer Bodemer
111 Orte in Karlsruhe, die man gesehen haben muss
ISBN 978-3-7408-1804-3

Gabriele Kalmbach
111 Orte in Stuttgart, die man gesehen haben muss
ISBN 978-3-7408-0974-4

Gabriele Kalmbach
111 Orte im Stuttgarter Umland, die man gesehen haben muss
ISBN 978-3-7408-1651-3

Matz Kastning, Stefanie Knebel
111 Orte in Konstanz, die man gesehen haben muss
ISBN 978-3-7408-1207-2

Erwin Ulmer
111 Orte in Ulm um Ulm und um Ulm herum, die man gesehen haben muss
ISBN 978-3-7408-1482-3

Gertrud Steiger, Joachim Steiger
111 Orte im Odenwald, Spessart und an der Bergstraße, die man gesehen haben muss
ISBN 978-3-7408-1512-7

Ralf H. Dorweiler, Daniela Bianca Gierok
111 Orte im Südschwarzwald, die man gesehen haben muss
ISBN 978-3-7408-1082-5

Barbara Goerlich
111 Orte in und um Reutlingen, die man gesehen haben muss
ISBN 978-3-7408-1085-6

Ute Blessing
111 Orte im Remstal, die man gesehen haben muss
ISBN 978-3-7408-1356-7

Barbara Goerlich
111 Orte auf der schwäbischen Alb, die man gesehen haben muss
ISBN 978-3-7408-1303-1

Barbara Rieß
111 Orte in Freiburg, die man gesehen haben muss
ISBN 978-3-7408-1073-3

Erwin Ulmer
111 Orte in Oberschwaben, die man gesehen haben muss
ISBN 978-3-7408-0860-0

Barbara Rieß
111 Schätze der Kultur im Schwarzwald, die man gesehen haben muss
ISBN 978-3-7408-0555-5

Cornelia Lohs
111 Orte in Mannheim, die man gesehen haben muss
ISBN 978-3-7408-0554-8

Foto: David Schweizer

Regula Tanner, 1967 in Bern geboren, lebt seit seit fast 30 Jahren mit ihrer Familie im Berner Oberland. Sie ist als freie Journalistin unter anderem für «Schweizer Familie» tätig und betreibt in der Nähe von Thun ein kleines Secondhand-Büchercafé. www.das-leseglueck.ch